Alexander Marguier

DAS LEXIKON DER GEFAHREN

DUMONT

Alexander Marguier

DAS LEXIKON DER GEFAHREN

Für Julia

Erste Auflage 2010

Illustrationen: Gottfried Müller
Umschlag: Zero, München
Satz: Fagott, Ffm
Gesetzt aus der Corporate
Gedruckt auf säurefreiem und chlorfrei gebleichtem Papier
Druck und Verarbeitung: CPI – Clausen & Bosse, Leck
Printed in Germany
ISBN 978-3-8321-9598-4

www.dumont-buchverlag.de

Inhalt

Vorwort ... 7
Alkohol ... 9
Arbeit ... 14
Armut ... 19
Atomkraftwerke ... 23
Außerirdische ... 29
Baden ... 34
Bahnfahren ... 39
Brände ... 44
Cholesterin ... 49
Drogen ... 54
Einsamkeit ... 61
Erdbeben ... 66
Feinstaub & Abgase ... 71
Fliegen ... 76
Gentechnik ... 82
Gewitter ... 88
Grillen ... 93
Handys ... 97
Hitze ... 103
Hunde ... 108
Impfen ... 112
Klimawandel ... 117
Krankenhauskeime ... 123
Krieg ... 127

Kriminalität ... 133
Lawinen ... 139
Lärm ... 144
Medikamente ... 149
Menschliches Versagen ... 154
Meteoriten ... 159
Pandemien ... 163
Pestizide ... 169
Pilze ... 174
Rauchen ... 179
Reisen ... 184
Röntgen & Körperscans ... 190
Salmonellen & Co. ... 196
Schlangen ... 201
Sex ... 206
Solarien ... 213
Spinnen ... 217
Sport ... 221
Straßenverkehr ... 226
Stress ... 231
Terrorismus ... 236
Übergewicht ... 242
Vulkane ... 247
Wissenschaftliche Experimente ... 252
Zecken ... 258
Zusatzstoffe in Lebensmitteln ... 263
Dank ... 268

Vorwort

Kann es wohl sein, dass wir enorm viel kostbare Lebenszeit darauf verschwenden, vor den falschen Dingen Angst zu haben? Man braucht heute nur zu jeder beliebigen Tages- und Nachtzeit den Fernseher einzuschalten und von einer Nachrichtensendung zur nächsten zappen, um geradezu erschlagen zu werden von irgendwelchen Informationen, die einen das Gruseln lehren: Flugzeugabstürze, Kampfhunde-Attacken, Terroranschläge allerorten, Wirbelstürme, Hochwasser, eklige Krankheiten. Die Welt, wie sie uns in den Medien vor Augen geführt wird, ist ein einziges Hochrisikogebiet. Erstaunlich, dass wir auf diesem dicht verminten Terrain überhaupt so lange überleben konnten und nicht längst dahingerafft wurden von fiesen Kleinstlebewesen im Joghurt oder von Cornflakes aus gentechnisch verändertem Mais. Aber was nicht ist, kann ja noch werden – und wenn nicht, gibt es sicher bald neue Gefahren, die dann aber endgültig das Ende der Menschheit bedeuten. Während man also mit sorgenvollem Blick auf die Mattscheibe starrt, sich zur Beruhigung eine Zigarette anzündet und das erste Feierabend-Bierchen kippt, hat man allerdings schon größeren Schaden angerichtet, als es die gesamte Gentech-Mafia je vermocht hätte: Mit jährlich mindestens 16.000 Alkohol-Toten sterben in Deutschland mehr Menschen durch Suff als durch Selbstmorde und Verkehrsunfälle zusammen; Rauchen fordert jedes Jahr sogar 110.000 bis 140.000 Todesopfer. Nur interessiert das halt niemanden mehr so richtig, weil ja angeblich längst bekannt. Spannend wird es hingegen, wenn das Böse noch keine konkrete Gestalt angenommen hat und gewissermaßen wie ein Phantom um unser Haus schleicht. Oder wenn es so richtig laut geknallt hat, ein Flugzeug abgestürzt ist, ein Zug entgleist: Dann stehen die Berichterstatter an der Unfallstelle und müssen die Frage klären, ob wir diesen Transportmitteln überhaupt noch trauen können. Dass der Reporter im Übertragungswagen auf dem Weg zurück zum Sender statistisch gesehen ein 63-mal höheres Risiko eingeht, tödlich zu verunfallen, als wenn er mit der Bahn gekommen wäre, tut da nichts zur Sache. Mit sachlichen Informationen haben Ängste eben nur selten etwas zu tun; ausschlaggebend ist vielmehr, wie bedrohlich etwas *wirkt*. Nicht anders ergeht es einem Kind, das sich fürchtet, allein in den dunklen Keller hinabzusteigen. Dieses Buch soll gewissermaßen der Schalter sein, mit dem sich das Licht im Keller unserer Ängste anknipsen lässt: eine Übersicht über alles, was uns ohne Grund beunruhigt. Und über die Dinge, die gefährlicher sind, als vermutet. Von A wie Alkohol bis Z wie Zecken.

Alkohol

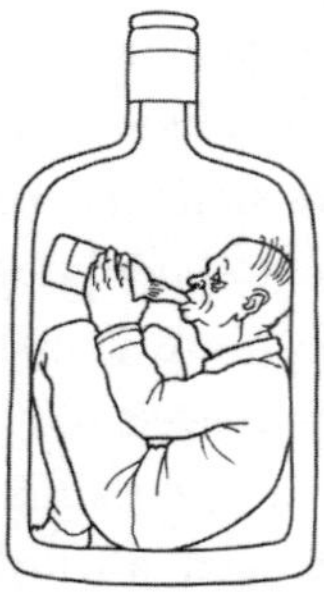

Vor langer Zeit traf ich mich in Lyon zum Abendessen mit Raymond Lacroix. Herr Lacroix war damals bereits 85 Jahre alt und verfasste immer noch regelmäßig Artikel für die »Frankfurter Allgemeine Zeitung« – »in der Sprache von Goethe und Novalis«, wie er stets hervorhob. Ein gepflegter, kultivierter Herr, der zum Aperitif natürlich ein Glas Champagner bestellte und das mit den Worten kommentierte, bei diesem Getränk handele es sich überhaupt nicht um Alkohol. Wer würde einem Mann mit derartiger Lebenserfahrung schon widersprechen, erst recht in dieser Angelegenheit? Ich jedenfalls nicht, und so beschloss ich, mir Raymond Lacroix' Einschätzung hinsichtlich des Champagners zu eigen zu machen. Ihr liegt wohl die wissenschaftlich völlig haltlose Hoffnung zugrunde, eine alkoholhaltige Flüssigkeit sei umso unschädlicher, je höher ihr gesellschaftliches Prestige. Bekanntlich genehmigte sich Winston Churchill sogar als Kriegspremier während der Luftschlacht um England jeden Mittag eine Flasche seiner Lieblingsmarke »Pol Roger« – und hinterließ allen trinkfesten Gesinnungsgenossen mit dem Zitat »I have taken more out of alcohol than alcohol has taken out of me« einen einprägsamen dionysischen Lobgesang. Wie schon so viele andere vor ihm, darunter ausgerechnet auch einer der Gründerväter der Vereinigten Staaten. Ob Benjamin Franklin mit seinem Glaubensbekenntnis, wonach Bier der »lebende Beweis dafür ist, dass Gott uns liebt und möchte, dass wir glücklich sind« in seinem Land heute noch politische Karriere machen würde, sei dahingestellt.

Die Wechselwirkung zwischen Politik und Alkohol ist ohnehin ein ganz besonderes Thema. Im Prinzip weiß jeder Volksvertreter, dass in unserem Kulturkreis zu viel gesoffen wird, und die schädlichen Auswirkungen übermäßigen Alkoholkonsums kennen die meisten Parlamentarier aus reichhaltiger eigener Erfahrung. Also müsste man eigentlich etwas unternehmen, um Schaden von der Bevölkerung abzuwenden. Aber was? Alkohol verbieten kommt schon deswegen nicht infrage, weil ohne Sprit der gesamte politische Betrieb sehr bald in sich zusammenbrechen würde. Niemand brachte dieses Dilemma besser zum Ausdruck als Altbundeskanzler Gerhard Schröder bei einem Sommerfest im Jahr 2000 mit seinem legendären Satz: »Hol' mir mal 'ne Flasche Bier, sonst streik ich hier!« Allerdings würde die Aussicht auf eine gesetzlich veranlasste Unterbrechung des Alkoholnachschubs auch die versammelte Wählerschaft in Streikbereitschaft versetzen, immerhin sind 95 Prozent aller Deutschen regelmäßige oder zumindest gelegentliche

Konsumenten. Die Winzer, Bierbrauer, Schnapsbrenner und Gastwirte wiederum würden statt in den Streik umgehend auf die Barrikaden gehen, dem Wirtschaftsminister den drohenden Verlust Tausender Arbeitsplätze vorrechnen und den Finanzminister daran erinnern, dass sich allein die Einnahmen aus Alkoholsteuer jedes Jahr auf mehr als drei Milliarden Euro belaufen. Unsere Volkswirtschaft ist buchstäblich alkoholabhängig, und eine Therapie ist nicht in Sicht. Sabine Bätzing, Drogenbeauftragte der Bundesregierung in den Jahren 2005 bis 2009, wollte während ihrer Amtszeit ernsthaft gegen den grassierenden Alkoholabusus vorgehen; mehr als ein blaues Auge war bei diesem Vorhaben für sie nicht zu holen. Sie hätte es besser mal bei den üblichen Sonntagsreden gegen unkontrolliertes Trinken belassen sollen.

Wer ökonomische Argumente zugunsten von Alkohol ins Feld führt, sollte freilich über die Kosten nicht schweigen: Die Schäden summieren sich jedes Jahr auf rund 20 Milliarden Euro allein in Deutschland; zu Buche schlagen Ausgaben für stationäre und ambulante Behandlung, Arbeitsunfälle, Sachschäden, Frühverrentung und noch vieles mehr. Nach Angaben von Professor Steven Dooley, Fachmann für Alkoholfolgeerkrankungen an der Medizinischen Fakultät Mannheim, leiden fast 20 Prozent aller Patienten allgemeiner Krankenhäuser an Gebrechen, die in irgendeiner Form mit Alkoholkonsum zu tun haben. Wer mehr zu sich nimmt als die im Normalfall risikolose Tagesration von zehn Gramm reinem Alkohol bei Frauen beziehungsweise zwanzig Gramm bei Männern (Letzteres entspricht gerade mal einem Glas Wein), schädigt nicht nur seine Leber, die aber zuallererst: Es kommt zu Fetteinlagerungen, auf Dauer drohen ein Absterben des Zellgewebes sowie eine Vernarbung der Leber, die sich permanenter Angriffe durch den Alkohol ausgesetzt sieht; am Ende stehen schlimmstenfalls Leberzirrhose und Leberkrebs. Dem Entgiftungsorgan ist es übrigens vollkommen egal, ob der Alkohol von Champagner oder ordinärem Doppelkorn stammt; was zählt ist allein die Dosis. Und die ist angesichts eines Durchschnittsverbrauchs von in Deutschland jährlich 9,9 Liter reinem Alkohol pro Person in der Regel deutlich zu hoch. Damit belegen wir nach Luxemburg, Irland, Ungarn und Tschechien weltweit den fünften Platz – schade, dass Saufen nicht zu den olympischen Disziplinen gehört. Rund 1,5 Millionen Deutsche sind regelrecht alkoholkrank, davon etwa 1,2 Millionen Männer und – mit stetig steigendem Anteil – 300.000 Frauen. Die Zahl der Leberzirrhosen hat sich in den vergangenen 30 Jahren bei Männern zwischen 25 und 45 Jahren verdoppelt, bei Frauen in der gleichen Altersgruppe sogar verdreifacht.

Ständige Alkoholzufuhr steigert außerdem das Risiko von Herzleiden, Demenz oder Schlaganfall ebenso wie von Krebserkrankungen in der Mundhöhle, im Rachenbereich, im Darm und in der weiblichen Brust. Etwa 5,2 Prozent der Krebserkrankungen bei Männern und 1,7 Prozent bei Frauen sind auf übermäßigen Alkoholkonsum zurückzuführen; bereits 18 Gramm Alkohol am Tag lassen das Brustkrebs-Risiko signifikant ansteigen. Die Weltgesundheitsorganisation (WHO) stellt ganz unmissverständlich fest, dass Alkoholmissbrauch in Industriegesellschaften eine der Hauptursachen für frühzeitigen Exitus ist; die Lebenserwartung verringert sich dadurch um mehr als neun Jahre. Mit jährlich mindestens 16.000 Alkohol-Toten sterben in Deutschland mehr Menschen durch übermäßigen Alkoholkonsum als durch Selbstmorde und Verkehrsunfälle zusammen. Wobei natürlich sowohl Verkehrsunfälle als auch Selbstmorde wiederum im Alkohol ihre eigentliche Ursache haben können. In Anbetracht dieser verheerenden Bilanz, in der Gewalt und die Zerrüttung partnerschaftlicher oder familiärer Beziehungen noch nicht einmal berücksichtigt sind, stellt sich die Frage, warum trotz aller pflichtschuldigen Warnhinweise und Aufklärungskampagnen das Problembewusstsein so wenig ausgeprägt ist. Die berauschende Verbindung aus Kohlenstoff, Wasserstoff und Sauerstoff ist schlicht und einfach Bestandteil unserer abendländischen Kultur; wir haben zwar nicht gelernt, mit ihr umzugehen – wohl aber, sie zu akzeptieren. Das nimmt ihr jenen Schrecken, den neue, unbekannte Gefahren stets verbreiten, und seien sie noch so vernachlässigenswert. Frank Sinatra brachte die kognitive Dissonanz hinsichtlich geistiger Getränke in einem besonders schönen Bonmot auf den Punkt: »Alkohol mag der größte Feind des Menschen sein, aber die Bibel sagt, wir sollen unsere Feinde lieben.«

Gefahrenfaktor ☠☠☠☠☠☠☠☠☠☠

Arbeit

Einer meiner fiesesten studentischen Aushilfsjobs war der des Öltankreinigungsgehilfen. Vier Wochen lang traf ich mich jeden Morgen um sechs Uhr auf dem Freiburger Betriebshof der Firma Raab Karcher mit Franz, dem hauptamtlichen Tankreiniger. Franz sah aus wie Mitte siebzig, war aber wahrscheinlich erst um die sechzig und schwer vom Leben gezeichnet: Brandnarben im Gesicht und an den Armen, auch ein Teil seiner Kopfbehaarung war offensichtlich vor längerer Zeit Opfer der Flammen geworden. Nachdem wir mit unserem Kleinlaster um die erste Ecke gebogen waren, hielt mein Kollege immer erst mal an einem Kiosk und deckte sich für die Fahrt mit drei oder vier kleinen Flaschen Jägermeister ein; die erste trank er gleich auf ex, die anderen am Steuer unterwegs zum jeweiligen Auftraggeber. Unser Job bestand darin, Heizöltanks auszupumpen und die Behälter von der am Boden liegen gebliebenen Schlacke zu befreien. Dafür stieg Franz in die leeren Tanks hinab und schaufelte eine pechschwarze, zähflüssige Masse in Plastikeimer, die ich an einem Seil nach oben ziehen musste. Franz war Kettenraucher, und eines Tages erzählte er mir ganz beiläufig, wie er sich seine Brandverletzungen zugezogen hatte: Der Mann war mit brennender Kippe in einen leeren Öltank gestiegen, es kam zu einer Verpuffung – und Franz nur knapp mit dem Leben davon. Um solche Unfälle künftig zu vermeiden, hatte er sich eine Sicherheitsstrategie ausgedacht. Sie bestand darin, zuerst einen glimmenden Stummel in den Tank fallen zu lassen, um erst danach mit brennender Zigarette selbst hinabzusteigen. Während meiner Assistenzzeit als Reinigungskraft ging das tatsächlich gut; dennoch hätte sich jeder Arbeitsschutzexperte entsetzt die Haare gerauft.

Wer mit Versicherungsmitarbeitern darüber spricht, welches die typischen Ursachen für Unfälle im Beruf sind, bekommt regelmäßig zu hören: das Nichteinhalten bestehender Sicherheitsbestimmungen. Einem Malocher wie Franz hätte man wahrscheinlich noch so viele Rauchverbote auferlegen können, es wäre ihm trotzdem scheißegal gewesen – genauso, wie er sich seine Leidenschaft für Jägermeister niemals hätte ausreden lassen (erst recht nicht von einem Akademiker). Der Typ war halt vom alten Schlag. Nachfolgende Generationen scheinen etwas disziplinierter zu Werke zu gehen, denn erfreulicherweise hat das Thema Alkohol am Arbeitsplatz in den vergangenen Jahren an Brisanz verloren, zumindest im Zusammenhang mit Unfällen. War Bier noch vor wenigen Jahrzehnten als Grundnahrungsmittel von keiner Baustelle wegzudenken, geht es in diesem Gewerbe mittlerweile deutlich trockener zu. Was trotzdem nichts daran geändert hat, dass in der Baubranche mit Abstand am meisten tödliche Unfälle passieren. Das liegt in der Natur der Dinge, weil jede Baustelle eine Ansammlung klassischer Gefahrenherde darstellt: Dort wird mit schwerem Material hantiert, vor dem auch die obligatorischen Plastikhelme keinen Schutz bieten; massive Gerätschaften sind im Einsatz; vieles spielt sich noch dazu in großer Höhe ab. Der Fotograf Charles Ebbets setzte das baustellenspezifische Gruselpotenzial in seiner Aufnahme »Lunch Atop a Skyscraper« aus dem Jahr 1932 beinahe schon ikonografisch ins Bild: elf Männer, die in schwindelerregender Höhe über New York auf einem schmalen Stahlträger seelenruhig ihr Pausenbrot genießen. Warum ausgerechnet Lehramtsstudentinnen dieses Postermotiv besonders gern für ihre Bude wählen, das sollen Sexualforscher erkunden.

Weniger wildromantisch ist am Bau eine ganz andere potenzielle Unfallursache: Der Kostendruck treibt das Arbeitstempo in die Höhe und sorgt außerdem dafür, dass immer mehr Werktätige aus Billiglohnländern die Arbeit verrichten. Diese haben mitunter aber nicht nur eine eher rustikale Auffassung von Arbeitssicherheit, sondern noch andere Verständnisschwierigkeiten: Während beim Turmbau zu Babel erst hinterher babylonische Sprachverwirrung herrschte, bräuchte man heutzutage oft schon vor Baubeginn mehrere Dolmetscher, um hiesige Sicherheitsstandards zu erläutern. Das schafft offenkundig ein paar Probleme. Tatsache ist, dass jeder fünfte tödliche Arbeitsunfall im Bauhauptgewerbe passiert; rechnet man Ausbau- und Bauhilfsgewerbe sowie Zimmerei und Dachdeckerei dazu, kommt man sogar auf mehr als ein Drittel. Immerhin: In absoluten Zahlen gehen in Deutschland die tödlichen Unfälle langsam zurück: Starben im Jahr 1998 noch knapp 150 Menschen am Bau, waren es zehn Jahre später nur noch 100. In anderen Branchen war der Rückgang teilweise noch stärker, wir haben es also mit einem allgemeinen Trend zu tun.

Tatsächlich war das Risiko eines Arbeitsunfalls 1960 rund viermal so hoch wie heute, die Zahl der Unfälle mit tödlichem Ausgang lag sogar fünfmal höher. Das hängt zum einen zusammen mit einem immer umfassenderen Regelwerk zur Unfallverhütung; auch setzen insbesondere große Unternehmen verstärkt freiwillig auf ständig steigende Sicherheitsstandards. Dafür gibt es eine ganz pragmatische Erklärung: Jeder Unfall stört den Produktionsablauf und kostet mithin Geld. Ganz davon abgesehen sorgt natürlich auch der Wandel von der Industrie- zur Dienstleistungsgesellschaft für ein immer ungefährlicheres Arbeiten – zumindest, was die rein körperliche Unversehrtheit angeht. Am Schreibtisch fällt einem ja höchstens im übertragenen Sinn mal die Decke auf den Kopf oder der liebe Kollege in den Rücken. Die neuen Berufsrisiken sind denn auch eher psychosomatischer Art, es geht um Mobbing, Burn-out oder »Bore-out« bei chronischer Unterforderung (einem Leiden also, das besonders stark unter der Beamtenschaft im Mittelmeerraum grassieren dürfte). Untersuchungen der europäischen Arbeitsschutzagentur zufolge sind psychische Erkrankungen, die mit Stress am Arbeitsplatz zu tun haben, nach Rückenbeschwerden das zweitgrößte berufsbedingte Gesundheitsproblem in der Europäischen Union. Laut »Mobbing-Report« des Bundesministeriums für Arbeit sind in Deutschland aktuell 2,7 Prozent aller Erwerbstätigen von Mobbing betroffen, hochgerechnet auf ein Jahr summiert sich der Anteil der Gemobbten auf 5,5 Prozent. Mehr als jeder neunte Arbeitnehmer ist in seinem Berufsleben schon mindestens einmal Opfer von Mobbing-Attacken gewesen, beinahe jeder zweite wurde daraufhin krank. Bernd Stromberg, als Serienfigur der Archetypus des sympathischen Vorgesetzten, hat dies wie immer als einer der Ersten erkannt und in seiner gewohnt einfühlsamen Art folgende Lehre daraus gezogen: »Das Wichtigste, was du als Chef machen musst: gute Laune! Auf den Baumwollfeldern damals bei den Sklaven wurde ja auch immer gesungen.«

Gefahrenfaktor je nach Arbeit bis zu

Armut

Eigentlich ist es alles andere als erstaunlich, dass Armut und Krankheit miteinander verwandt sind. Gesundheitsvorsorge kostet eben Geld, und wer sich die nicht leisten kann, stirbt früher. Das klingt hart, entspricht aber der Realität. Warum wohl beträgt die Lebenserwartung bei Männern in Deutschland 77 Jahre, in Liberia aber nur 45 Jahre? Ganz sicher nicht, weil hier die Luft so gut ist. Global betrachtet, haben wir uns an die Korrelation zwischen arm sein und früh sterben leider längst gewöhnt. Wenn sich aber in einem wohlhabenden Sozialstaat wie Deutschland dieselben Effekte zeigen, herrscht oft betretenes Schweigen. Natürlich ist es hierzulande nicht so, dass den reichen Bayern ein doppelt so langes Erdendasein beschieden ist wie den armen Mecklenburgern. Aber Einkommensunterschiede sind durchaus auch in Deutschland an der Lebenserwartung ablesbar. Betrachten wir dafür nur einmal die Stadt Berlin: Wer in Friedrichshain-Kreuzberg wohnt, hat statistisch gesehen im Schnitt drei Jahre weniger zu leben als ein Einwohner des wohlhabenderen Stadtbezirks Steglitz-Zehlendorf. Die Statistik kann sogar noch deutlicher werden: Nach Erhebungen des Robert-Koch-Instituts leben deutschlandweit die ärmsten 20 Prozent der Bevölkerung im Schnitt fünf bis zehn Jahre kürzer als die 20 Prozent der Bevölkerung am oberen Ende der Einkommensskala. Der Uralt-Jokus von wegen »Lieber reich und gesund als arm und krank« ist auf jeden Fall näher an der Wirklichkeit als das Sprichwort in seiner ursprünglichen Fassung.

Allerdings gründet die armutsbedingte Lebenszeitverkürzung in hoch entwickelten Industrienationen im Gegensatz zu Ländern der Dritten Welt meistens nicht im mangelnden Zugriff auf Gesundheitsversorgung: Ins Krankenhaus und zum Arzt kommt im Prinzip immer noch jeder, der es nötig hat – zumal hier ja von relativer Armut die Rede ist, die sich am mittleren Einkommen orientiert und nicht am Existenzminimum. Aber auch relative Armut erzeugt spezifische Probleme und Verhaltensweisen, die nicht ohne Auswirkungen auf die Gesundheit bleiben. Wer deutlich weniger Geld zur Verfügung hat als der überwiegende Rest der Bevölkerung, sieht sich gesellschaftlich ausgegrenzt und erleidet Stress, der durch Zukunftsängste noch verstärkt wird. »Stress durch Hartz IV« entspricht zwar nicht dem in gewissen liberalen Milieus verbreiteten Klischee vom arbeitsscheuen Drückeberger, gleichwohl ist solcherlei seelische Belastung durch das Gefühl von Nichtdazugehörigkeit eine der Hauptursachen für diverse typische Armutskrankheiten.

Stress für sich genommen, ist ja schon schädlich genug, er führt aber gerade in sozial unterprivilegierten Schichten zu Lebensweisen, die die Gesundheit zusätzlich belasten. Insbesondere überhöhter Alkoholkonsum und Zigarettenverbrauch sind keineswegs so etwas wie der angeborene Makel der Unterklasse, sondern geradezu klassische Stressbewältigungsmechanismen von Menschen, die keine Perspektive für sich sehen, in Antriebslosigkeit verfallen (und Yoga nur vom Hörensagen kennen). In den unteren Einkommensgruppen wird zum Beispiel doppelt so viel geraucht wie in den oberen – entsprechend treten dort Bronchitis, Herz-Kreislauf-Erkrankungen oder Lungenkrebs zwei- bis dreimal so häufig auf. Mit der apodiktischen Behauptung, Armut sei eine Folge verlotterter Lebensweisen (und nicht umgekehrt), lassen sich zwar Ressentiments bei Besserverdienern schüren und Wählerstimmen gewinnen, das Problem aber wird durch solche Ausgrenzungsversuche eher noch größer.

Wer Sozialforscher danach fragt, was gegen diese Misere am besten zu unternehmen sei, bekommt fast immer zu hören: Bildung ist wichtiger als Sozialtransfers. Bildung eröffnet nämlich nicht nur Lebensperspektiven und damit die Aussicht auf ein gesünderes Dasein im umfassenden Sinne, es geht dabei auch um grundlegende Kenntnisse beispielsweise in Fragen der richtigen Ernährung. Übergewicht ist auch deswegen vor allem ein Unterschichtenproblem, weil dort oft einfachstes Basiswissen nicht vorhanden ist. Überhaupt kann durch Bildung das Gesundheitsbewusstsein trotz geringen Einkommens geschärft werden, das gilt vor allem für Eltern. Kinder sind nämlich von Armut besonders betroffen; laut »Kinder- und Jugendgesundheitssurvey« des Robert-Koch-Instituts handelt es sich gar um das größte Gesundheitsrisiko in dieser Altersklasse: Kinder und Jugendliche aus sozial schwachen Familien haben schlechtere Zähne, bekommen öfter eine Mandelentzündung und leiden stärker an Herpes. Trotzdem erhalten sie seltener Medikamente als Gleichaltrige aus der Mittel- und Oberschicht – nicht, weil die Arznei unerschwinglich wäre, sondern vielmehr wegen mangelnden elterlichen Problembewusstseins. Ohnehin wird jeder Arzt bestätigen, dass Therapievorschläge von gebildeten Patienten deutlich besser befolgt werden als von ungebildeten.

Wenn jemand allerdings erst mal so richtig krank geworden ist, macht der Sensenmann kaum noch einen Unterschied zwischen Arm und Reich: Nach längeren Krankenhausaufenthalten liegt das Sterberisiko vermögender und mittelloser Patienten nahezu gleich hoch, hat das Rostocker Max-Planck-Institut für Demografie ermittelt. Ein eher schwacher Trost für die Armen. Denn sie werden halt einfach öfter krank als die Reichen.

Gefahrenfaktor

Atomkraftwerke

Die Betreiber von Atomkraftwerken sind auch nicht immer zu beneiden: Kaum eine Branche, neuerdings vielleicht mit Ausnahme der Finanzinstitute, ist derart schlecht beleumundet wie sie. Und gegen keinen Industriezweig lässt sich mit Aussicht auf Zustimmung in der Bevölkerung derart gut polemisieren. Als absehbar wurde, dass eine schwarz-gelbe Regierungskoalition den einst von Rot-Grün beschlossenen Atomausstieg womöglich wieder einkassieren würde, war das vor der Bundestagswahl 2009 ein gefundenes Fressen für den damals noch amtierenden Umweltminister Sigmar Gabriel von der SPD. Seine Botschaft lautete kurz gefasst: Wer für FDP oder Union stimmt, der stimmt auch für Atomkraftwerke. Und da wir seit der Reaktorkatastrophe von Tschernobyl ja alle wissen, welche schrecklichen Szenarien aus dieser Technik erwachsen können, kann sich jeder geübte Polemiker die Details sparen. Besser gesagt: Er muss sie sich sogar sparen, denn bei näherem Hinschauen wird, wie so oft, die Lage kompliziert. Das Wort »Atom-Mafia« ist schnell gesagt, die Frage nach der mittel- und langfristigen Energieversorgung damit aber leider nicht beantwortet. Die 17 Atomkraftwerke, die in Deutschland in Betrieb sind, tragen mehr als 20 Prozent zur Stromerzeugung bei; bei der sogenannten Grundlast, also der Stromerzeugung rund um die Uhr, liegt ihr Anteil sogar bei rund 45 Prozent. Unabhängig von einer Risikobewertung lautet die Frage, wie man das auffangen könnte. Der Anteil der erneuerbaren Energien dürfte Prognosen zufolge innerhalb der nächsten 20 Jahre von derzeit neun auf bis zu 15 Prozent wachsen, aber das wird nicht reichen; Energiegewinnung aus fossilen Brennstoffen ist bekanntlich wegen der Kohlendioxid-Emission fürs Klima problematisch. Und Energiesparen ist zwar eine tolle Sache, aber zumindest weltweit wird der Energieverbrauch in Zukunft aller Voraussicht nach trotzdem deutlich ansteigen. Und so richtig viel gewonnen wäre ja auch nicht, wenn sich Deutschland von der Kernenergie verabschiedet, während fast überall auf der Welt das genaue Gegenteil geschieht. Es wird wohl oder übel kein Weg daran vorbeigehen, diese Realitäten zur Kenntnis zu nehmen, um womöglich den Schluss daraus zu ziehen, dass das Zeitalter der Atomkraftwerke noch lange nicht vorbei ist und es deshalb umso wichtiger erscheint, deren Betrieb so sicher wie möglich zu machen. Gerade was den letzten Punkt angeht, hat sich in der Vergangenheit einiges getan – wenngleich die technische Entwicklung in aufgeregten Wahlkampfdebatten selten eine Rolle spielt.

Mit der Erzeugung von Atomenergie einher gehen drei grundsätzliche Schwierigkeiten. Erstens: Es sind Unfälle möglich, die ganze Landschaften unbewohnbar machen und bei denen Tausende Menschen verstrahlt werden. Zweitens: Der entstehende Atommüll muss für Hunderttausende von Jahren sicher eingeschlossen werden. Drittens: Terroristen könnten Atomkraftwerke angreifen oder sich von dort radioaktives Material zum Bau einer »schmutzigen Bombe« beschaffen. Mit der Entwicklung des Europäischen Druckwasserreaktors (EPR) wurden freilich nicht nur hinsichtlich der Unfallgefahr enorme Fortschritte gemacht. Diese sogenannten Kernkraftwerke der dritten Generation sind so konstruiert, dass selbst im schlimmsten Fall – dem Gau – keine Radioaktivität aus dem Gebäude tritt. Wie ihre Vorgängermodelle auch, erzeugen die EPR durch Spaltung von Atomkernen Wärme, die Wasser zum Sieden bringt; durch den dabei entstehenden Dampf werden Generatoren angetrieben. Sollten tatsächlich sämtliche Sicherheitssysteme versagen und die Reaktorkühlung ausfallen, würde die Kernschmelze in einer Wanne aus Keramik und sechs Meter dickem Beton (»Core Catcher«) aufgefangen, von oben mit Wasser geflutet und stabilisiert, die Wärme nach außen abgeführt. Eine doppelte Betonhülle soll dafür sorgen, dass keine Radioaktivität nach außen dringt. Aber schon das Risiko der Kernschmelze selbst ist bei diesem Reaktortyp (wohlgemerkt nach Angaben der Hersteller) im Vergleich zur Vorgängergeneration durch verbesserte Sicherheitstechnik um das zehnfache reduziert. Die Stahlwandummantelung gewährleistet zudem einen besseren Schutz vor Explosionen von innen sowie vor Flugzeugabstürzen oder terroristischen Angriffen von außen. Kritiker bemängeln allerdings, dass auch EPRs aktiv gekühlt werden müssen und damit störanfällig bleiben. Auch die Endlager-Frage für ausgediente Brennelemente und das Problem der Weitergabe spaltbaren Materials an Terroristen sind nicht gelöst. Atomkraftwerke der vierten Generation, die bis zum Jahr 2030 entwickelt werden sollen, versprechen noch sicherer und sogar in der Lage zu sein, durch kernphysikalische Reaktionen ihren eigenen radioaktiven Abfall gleichsam zu zerstrahlen. Das ist zwar teilweise noch bloße Zukunftsmusik, zeigt aber, wie groß die Möglichkeiten für eine ständige Risikominimierung auch bei dieser heftig umstrittenen Art der Energiegewinnung sind. Jedenfalls wäre es nicht besonders schlau, eine Ausstiegsdiskussion auf Grundlage der Tschernobyl-Technik zu führen.

Andererseits lassen sich die Risiken der aktuell betriebenen Atomkraftwerke nicht durch einen noch so zuversichtlichen Ausblick auf die Zukunft beiseitewischen. Die Liste der Unfälle in kerntechnischen Anlagen ist lang, immer wieder auftretende Störfälle zeigen, dass etliche Schwachstellen vorhanden sind. Die Gesellschaft für Anlagen- und Reaktorsicherheit bezifferte den Zeitraum, innerhalb dessen an einem deutschen Kernkraftwerk mit einem schweren Unfall zu rechnen sei, einst auf 33.000 Jahre. Würde man diese Zahl auf alle 17 deutschen Atomkraftwerke unter Zugrundelegung einer Betriebsdauer von 30 Jahren umrechnen, käme man zu dem Ergebnis, dass sich an einer solchen Anlage während ihrer gesamten Laufzeit mit der Wahrscheinlichkeit von 1,5 Prozent ein schwerer Unfall ereignet. Solches Zahlenspiel ist schon deswegen recht fragwürdig, weil es aus den späten 80er-Jahren stammt und sich seither sowohl in Sachen Kraftwerkstechnik als auch bei den statistischen Methoden einiges geändert hat. Wie groß der Bewertungsspielraum ist, zeigt sich daran, dass etwa die Internationale Atomenergieorganisation (IAEO) das Risiko eines Unfalls mit Reaktorschaden für den Europäischen Druckwasserreaktor auf eins je eine Million Betriebsjahre schätzt. Wir müssen uns wohl mit dem Befund zufriedengeben, dass die Wahrscheinlichkeit für eine Katastrophe sehr gering ist, sie aber zu immensen Schäden führen würde. Unklarheit herrscht auch (noch) darüber, ob in der Nähe von Atomkraftwerken das Krebsrisiko steigt. Eine epidemiologische Studie im Auftrag des Bundesamts für Strahlenschutz aus dem Jahr 2007 zeigte, dass innerhalb eines Umkreises von fünf Kilometern um ein Atomkraftwerk die Leukämie-Rate bei Kindern signifikant erhöht war. Obwohl auch andere Erhebungen zu ähnlichen Ergebnissen führten, konnte ein verlässlicher Kausalzusammenhang bis heute nicht bewiesen werden. Trotzdem würde wohl niemand freiwillig seinen Nachwuchs gern im Schatten eines Kühlturms großziehen wollen.

Bleibt immer noch das Problem mit dem Atommüll: Ein Siedewasserreaktor mit einer Leistung von 1300 Megawatt produziert jedes Jahr ungefähr 45 Kubikmeter hoch radioaktive Abfälle aus abgebrannten Brennelementen. Hinzu kommen rund 50 Kubikmeter mittel und schwach radioaktive Betriebsabfälle, beispielsweise in Form defekter Geräte, Werkzeuge, Rohrleitungen oder Filter. Auch wenn die skandalösen Zustände (undichte Fässer, Wassereinbruch, Einsturzgefahr) im ehemaligen Salzbergwerk Asse II nicht repräsentativ sind für moderne Endlager, bleiben viele Sicherheitsfragen in Sachen Atommüll bis heute unbeantwortet – und Atomkraftwerke ein Politikum.

Gefahrenfaktor ☠☠☠☠☠☠☠☠☠☠

Außerirdische

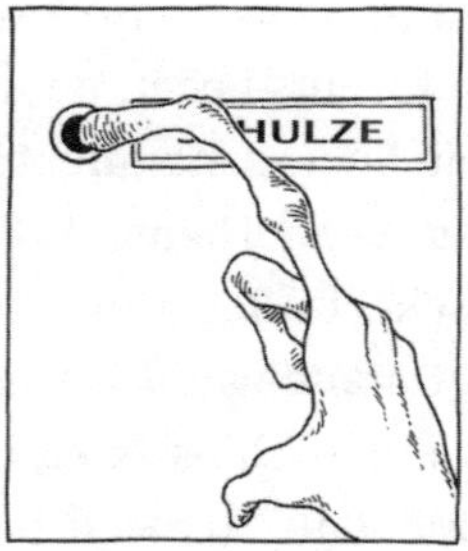

Dafür, dass es sie womöglich gar nicht gibt, sind sie ganz schön wichtig, vor allem als Wirtschaftsfaktor: Allein »E.T.«, der putzige Außerirdische mit der Stupsnase und seinem treudoofen Dackelblick, bescherte einem Erdling namens Steven Spielberg Anfang der 80er-Jahre Einspielergebnisse von mehr als 800 Millionen Dollar. Auch ihr künstlerischer Einfluss auf unsere Kultur ist von unschätzbarem Wert, man denke nur an David Bowies grandioses Album »Ziggy Stardust and the Spiders from Mars«. Nicht zu vergessen die immer wiederkehrenden klingonischen Anleihen in der Mode und noch so vieles mehr. Die Frage, ob es sich bei Michael Jackson um ein extraterrestrisches Lebewesen gehandelt hat, dessen Heimkehr mit seinem angeblichen Tod im Jahr 2009 vertuscht werden sollte, bleibt zwar umstritten, aber die seriöse Wissenschaft ist sich dahingehend einig, dass unser Planet bisher nicht von Außerirdischen besucht wurde. Die anderslautenden Thesen Erich von Dänikens

(»Raumfahrt im Altertum« etc.) sind stets widerlegt worden, sobald sie Gegenstand ernsthafter Untersuchungen waren. Doch was nicht ist, kann ja noch werden. Weshalb wir uns fragen sollten, was das dann für uns bedeuten würde.

In Deutschland hat die universitäre Astronomie offensichtlich Berührungsängste beim Thema Außerirdische, wohl aus der begründeten Furcht, in den Dunstkreis der Parawissenschaften zu geraten. Im angloamerikanischen Raum ist man der Sache gegenüber aufgeschlossener, wenngleich meist auf einer eher abstrakten Ebene. So hat sich etwa der prominente britische Astrophysiker Stephen Hawking unlängst ziemlich düstere Gedanken darüber gemacht, was unsere Zivilisation von einer Begegnung mit fremden Lebensformen zu erwarten hätte. Es existiert in Kalifornien mit dem Seti-Institut aber sogar eine alles andere als spinnerte Einrichtung, die sich professionell mit dem befasst, wofür das Akronym im Namen steht: »Search for Extraterrestrial Intelligence«, zu deutsch: Suche nach außerirdischer Intelligenz. Vor einem halben Jahrhundert richtete der Seti-Gründer und Astrophysiker Frank Drake ein Radioteleskop zunächst auf die Sterne »Tau Ceti« sowie »Epsilon Eridani« und zeichnete Signale aus dem Weltall auf, um diese auf Auffälligkeiten hin zu untersuchen. 1974 wurde dann von einem Observatorium aus eine Radiobotschaft in Richtung des Kugelsternhaufens M13 gesendet, verbunden mit der Hoffnung, irgendwann eine Antwort zu erhalten. Diese steht immer noch aus, und weil auch die galaktische Abhöraktion bis heute ohne Hinweise auf wie auch immer geartete E.T.s blieb, zog sich die amerikanische Regierung in den 90er-Jahren aus der Finanzierung des Seti-Instituts zurück. Es wird seither durch Zuwendungen von privaten Spendern eifrig am Leben gehalten, unter ihnen übrigens Steven Spielberg.

Weil eine Annäherung an die Außerirdischen im quasi-anthropologischen Sinn mangels Kulturaustausches bisher nicht möglich war, erfolgt sie in der Regel in Form eines Gedankenspiels, das sehr entfernt an den kosmologischen Gottesbeweis erinnert. Es funktioniert folgendermaßen: Eingedenk der Tatsache, dass in unserer Galaxie schätzungsweise 400 Milliarden Sterne existieren, von denen etliche über ein Planetensystem verfügen könnten, sind intelligente außerirdische Lebensformen prinzipiell denkbar. Alsdann muss man sich zur Modellierung eines davon ausgehenden Gefährdungspotenzials fragen, was eine fremde Zivilisation dazu bewegen könnte, überhaupt Raumfahrt zu betreiben. Die Antwort darauf basiert naturgemäß auf Erfahrungen, die die Menschheit mit sich selbst gemacht hat, was wiederum die Annahme voraussetzt, unsere Existenzform entspräche dem kosmischen Durchschnitt. Wenn das so wäre, ist davon auszugehen, dass fremdartige Besucher neugierige Wesen sind, die noch dazu den Mut aufbringen, in unbekannte Weiten des Weltalls vorzustoßen. Das Unangenehme daran: Ein solches Draufgängertum lässt auf eine gewisse Grundaggressivität dieser Spezies schließen – Analogien zu den spanischen Konquistadoren liegen auf der Hand. Zudem muss eine Gesellschaft, die sich auf Raumfahrt begibt, technologisch ziemlich versiert und uns dahingehend deutlich überlegen sein (anderenfalls wären *wir* in der Lage, *sie* zu besuchen und nicht umgekehrt). Vorsprung durch Technik gepaart mit Abenteurertum, das lässt bei einer fremden Kultur nichts Gutes ahnen – die Indianer zum Beispiel haben mit dieser Kombination keine allzu guten Erfahrungen gemacht. Immerhin bleibt die Hoffnung, dass uns die Aliens aufgrund ihrer überragenden Intelligenz, die sie zu der interstellaren Expedition befähigt hat, auch moralisch weit voraus sind. Leider spricht zumindest aus der Perspektive des Erdenbürgers wenig bis nichts für eine positive Korrelation zwischen Intelligenz und Moral. Es muss ja nicht gleich so schlimm kommen wie in Tim Burtons Invasionsvision »Mars Attacks!«, der die mit überdimensionierten Gehirnen ausgestatteten Marsianer als fröhliche Sadisten mit feurigen Todesstrahlen auf die Menschheit loslässt. Aber das irdische Begrüßungskomitee wäre wohl gut beraten, den Besuchern eher reserviert gegenüberzutreten. »Ich wäre jedenfalls sehr vorsichtig, wenn mir ein Außerirdischer gegenübersteht«, bringt der Münchener Astronomie-Professor Harald Lesch das Ergebnis der hypothetischen Alien-Analyse auf den Punkt.

Der amerikanische Sozialpsychologe Albert Harrison stellt für solche Fälle drei unterschiedliche Handlungsoptionen zur Wahl: den Stock, die Karotte und die Umarmung. Stock steht für Abwehr mit militärischen Mitteln und verspricht wenig Aussicht auf Erfolg (Tim Burtons waffentechnisch überlegene Invasoren vom Mars werden schließlich auch nicht mit Raketen außer Gefecht gesetzt, sondern mit Countrymusik). Möglichkeit zwei, die Karotte, bedeutet Verhandlungen – was voraussetzt, dass wir Menschen den Aliens etwas zum Austausch bieten können. Was sollte das wohl sein? Kuckucksuhren? Computer oder I-Phones würden die Besucher angesichts der aus ihrer Sicht steinzeitlichen Technik wohl eher zum Schmunzeln bringen (wenn sie denn in der Lage wären, Emotionen zu zeigen). Bleibt als dritte Option die Umarmungsstrategie, also der Versuch, die Außerirdischen in unsere Gesellschaft zu integrieren. Thilo Sarrazin müsste jedenfalls begeistert sein von dieser Art intergalaktischem Multikulti. Schließlich ist ja davon auszugehen, dass die Aliens hochintelligente Wesen sind, die den Durchschnitts-IQ auf Planet Erde schlagartig erhöhen. Nur auf Kopftücher sollten sie bitte verzichten.

Gefahrenfaktor 💀💀💀💀💀💀💀💀💀💀💀

Baden

Wenn Baden gefährlich wäre, müsste Baden-Baden eigentlich doppelte Gefahr bedeuten. Nun bin ich zufällig in der Nähe Baden-Badens aufgewachsen und weiß deshalb, dass es kaum einen Ort gibt, der weniger abenteuerlich ist als dieses Refugium für reiche Rentner und erholungsbedürftige Russen. Die größte Gefahr Baden-Badens besteht wahrscheinlich darin, im Herbst auf der Lichtentaler Allee von herabfallendem Laub erschlagen zu werden. Aber in Baden-Baden baden die Kurgäste ja auch gern lau, die Stadt steht also trotz ihres selbstbewussten Namens nur für die harmlose Variante des Wassergangs – wobei sich ja sogar an vielen Thermalbecken Warnhinweise befinden, man möge nicht länger als 15 Minuten im heilenden Nass verbringen. Womöglich droht bei längeren Aufenthalten der Exitus infolge einer Überdosis an Mineralstoffen.

Ich hatte zweimal in meinem Leben richtige Todesangst, in beiden Fällen passierte es während des Badens: Beim fröhlichen Planschen in einem mexikanischen Fluss geriet ich plötzlich in eine Strömung, die mich geradewegs auf einen Wasserfall zutrieb; in Costa Rica glaubte ich – ebenfalls von einer Strömung erfasst – das rettende Ufer des ungestümen Pazifiks nicht mehr erreichen zu können. Womöglich war in keinem der Fälle die Gefahr besonders groß gewesen, es ging ja glimpflich aus. Aber der Schreck sitzt einem noch Stunden später in den Knochen, weil sich plötzlich ungeahnte Naturkräfte auftun, die einen gnadenlos die menschliche Schwäche spüren lassen. In der Tat ist das Überschätzen der eigenen Leistungsfähigkeit eine der häufigsten Ursachen beim Ertrinken. Das klassische Szenario klingt wahrlich banal: Zu weit hinausgeschwommen, und mit einem Mal fehlen die Kräfte. Verschärfend kommt hinzu, dass die Wassertemperatur meist deutlich unter der Lufttemperatur liegt, der menschliche Körper aber bestrebt ist, seine Kerntemperatur zu halten. Das kostet Energie, die den Muskeln nicht mehr zur Verfügung steht – den Rest kann man sich denken. Besonders gefährdet sind deshalb Leute über 50 Jahre, bei denen die körperliche Fitness schon nachgelassen hat. Zudem ist diese Gruppe vom erhöhten Risiko plötzlicher Herz-Kreislauf-Beschwerden betroffen.

Wer länger als fünf Minuten ohne Sauerstoff mit dem Kopf unter Wasser war, hat praktisch keine Überlebenschance. Demzufolge ertrinken die meisten auch nicht im Schwimmbad, sondern in der freien Natur, wo professionelle Rettungskräfte fern sind: Um die 90 Prozent aller tödlichen Badeunfälle ereignen sich in Seen, Flüssen oder Kanälen, wobei die absoluten Zahlen umso höher liegen, je wärmer der Sommer ist. Nach Angaben der DLRG sterben jedes Jahr in Deutschland mindestens 500 Personen durch Ertrinken; zieht es wegen extremer Hitze wie anno 2006 besonders viele Menschen ans Gewässer, kommen im Schnitt 150 weitere Opfer dazu. Damit ist diese Todesart auch hierzulande weit weniger außergewöhnlich als oft vermutet, in früheren Zeiten sah es sogar noch viel schlimmer aus: Während der 20er-Jahre des vergangenen Jahrhunderts starben in Deutschland jedes Jahr sage und schreibe rund 5000 Personen im Wasser, 1922 waren es sogar an die 8000. Nach dem Zeitalter der Prüderie erfreute sich das Badevergnügen damals nämlich einer rapide steigenden Beliebtheit, die fatalerweise überhaupt nicht mit den schwimmerischen Fähigkeiten der Menschen korrespondierte.

Leider spielt mangelnde Schwimmerfahrung inzwischen wieder eine zunehmende Rolle, einer Umfrage der DLRG zufolge kann sich ein Drittel der Jugendlichen bis 18 Jahre überhaupt nicht über Wasser halten. Das liegt zum einen daran, dass in den vergangenen Jahren aus Kostengründen Hunderte kommunale Schwimmbäder geschlossen wurden und der Schwimmunterricht an den Schulen entsprechend zurückging. Gleichzeitig boomten sogenannte Spaßbäder, die kaum der richtige Ort sind, um ordentlich Schwimmen zu lernen. Kein Wunder also, dass europaweit bei Kindern und Jugendlichen seit einiger Zeit die Zahl der Todesfälle durch Ertrinken steigt – Kinder zwischen sechs und acht Jahren verunglücken einer Erhebung der European Child Safety Alliance am häufigsten in Schwimmbädern, die über Achtjährigen im Meer und in Seen. Kleine Kinder sind ohnehin besonders gefährdet, denn zum einen ertrinken sie lautlos. Zum anderen wird bei ihnen durch plötzliches Eintauchen ins Wasser ein schockartiger Reflex ausgelöst, der die Atmung blockiert. In solchen Fällen droht der Erstickungstod, ohne dass überhaupt Wasser in die Lungen gelangt ist – der Fachbegriff lautet »trockenes Ertrinken«.

In anderen Gegenden der Welt ist der Tod durch Ertrinken sogar allgegenwärtig, wenngleich er besonders in armen Ländern keineswegs mit Badevergnügen zusammenhängt. Oft ist es schlicht eine miserable Infrastruktur – insbesondere ein Mangel an Brücken –, die den Menschen ins Wasser treibt. Mehr als 90 Prozent aller weltweit rund 400.000 tödlichen Unfälle pro Jahr ereignen sich folglich in Entwicklungsländern; das Mortalitätsrisiko durch Ertrinken ist in unterentwickelten Regionen um bis zu 20-mal höher als in westlichen Industriestaaten. Die vergleichsweise hohe Opferzahl in osteuropäischen Ländern erklärt sich dagegen durch ein ganz anderes Phänomen: Starker Alkoholkonsum und der anschließende Sprung ins kühle Nass sind eben eine sehr gefährliche Freizeitbeschäftigung.

Eine kleine Warnung geht auch an die vielen sorglosen Mallorca-Urlauber: Die eher sanft wirkenden Balearen sind mit jährlich zwischen zehn und 14 Todesfällen durch Ertrinken alles andere als harmlos. Wer die Badebuchten verlässt, muss mit teilweise starken Strömungen und einem merklichen Rückgang der Wassertemperatur rechnen. Wenn die Strömung tatsächlich zugreift, gilt die eiserne Regel: nie dagegen anschwimmen, denn beim Kräftemessen mit Neptun wird der Mensch immer den Kürzeren ziehen. Besser, man taucht darunter weg oder gibt sich der Strömung hin und versucht, durch Seitwärtsbewegung an Land zu kommen. Ein typischer Fehler passiert auch bei Rettungsversuchen: Hilfswillige sollten auf keinen Fall von vorn auf einen Ertrinkenden zuschwimmen, denn der greift in Panik nach allem, was sich bietet, und drückt seinen potenziellen Lebensretter schlimmstenfalls sehr unsanft unter Wasser – was letztlich beide das Leben kosten kann. Stattdessen: von hinten anschwimmen, dem Menschen in Seenot unter die Achseln greifen und im Rückwärtsgang zurück zum Strand.

Gefahrenfaktor

Bahnfahren

Es war das schlimmste Bahnunglück in der Geschichte der Bundesrepublik, und die furchtbaren Bilder der aufgerissenen, ineinander verkeilten Wagen sind zu einem regelrechten Symbol für das geworden, was der französische Philosoph Paul Virilio eine »Hochgeschwindigkeits-Katastrophe« nennt. Gleiches gilt für den Namen des niedersächsischen Ortes, in dessen Nähe der Unfall geschah: Eschede. Am 3. Juni 1998 kurz vor elf Uhr vormittags brach auf der Strecke zwischen München und Hamburg am ersten Wagen des ICE 884 »Wilhelm Conrad Röntgen« ein Radreifen, sprang vom Rad und bohrte sich mit voller Wucht in ein Abteil. Wenige Minuten später kollidierte der im Boden des Wagens steckende Reifen mit einer Weiche, der dahinterliegende Teil des Zugs geriet mit einer Geschwindigkeit von 200 Stundenkilometern auf ein Nebengleis, kam davon ab und prallte gegen eine Straßenüberführung. Die Brücke stürzte über dem fünften Wagen in sich zusammen, die folgenden Waggons schoben sich zickzackförmig in diesen hinein. 101 ICE-Passagiere starben, weitere 124 erlitten zum Teil schwerste Verletzungen. Deutschland war geschockt – nicht nur wegen der hohen Opferzahl, sondern gewiss auch deshalb, weil der ICE bis dahin als extrem sicheres Massentransportmittel gegolten hatte, dem beinahe blindes Vertrauen entgegengebracht wurde. Die verstörende Botschaft an die Bahnfahrernation Deutschland: Es hätte im Prinzip jeden von uns treffen können. In solchen tragischen Momenten der Katharsis wird einem schlagartig bewusst, dass jegliche Form von Mobilität unweigerlich mit Risiken verbunden ist, die man umso mehr geneigt ist auszublenden, je geschmeidiger ein Verkehrsmittel sich bewegt.

Wie bei fast jeder Katastrophe führte auch im Fall Eschede eine Aneinanderreihung mehrerer Fehler ins Verderben – Materialermüdung, Materialverformung (der abgesprungene Radreifen war nicht mehr richtig rund), mangelnde Kontrolle (es hatte keine tägliche Ultraschallprüfung der Radreifen gegeben), problematische Gleisstruktur (die Weiche befand sich zu nah an der Brücke), um nur die wichtigsten zu nennen. Und wie üblich wurde hinterher in Windeseile versucht, alles besser zu machen, damit so etwas nie mehr passieren kann: Die Bahn trieb die Automatisierung in der Fahrzeuginstandhaltung voran, entwickelte neue Prüfsysteme, um Materialfehler besser aufzuspüren, und entfernte Weichen, die vor Bauwerken platziert waren. Dennoch kommt es immer wieder zu Unfällen – wie sollte es auch anders sein bei einem Verkehrsträger, der allein in Deutschland jedes Jahr mehr als 80 Milliarden Personenkilometer auf einem gut 32.000 Kilometer langen Streckennetz zu bewältigen hat?

Allerdings bleibt festzuhalten: Im Vergleich zum Straßenverkehr ist Bahnfahren die mit Abstand sicherere Transportmöglichkeit. Das Risiko, im Auto tödlich zu verunfallen, ist im mehrjährigen Durchschnitt 63-mal höher als im Zug. Legt man die Zahl der getöteten Reisenden pro einer Milliarde Personenkilometer zugrunde, kommt man im Jahr 2008 bei der Eisenbahn auf einen Wert von 0,01, beim PKW auf 2,77 und beim Bus immerhin noch auf 0,16. Allein im Monat des Zugunglücks von Eschede starben im Straßenverkehr 684 Menschen. Ein noch deutlicheres Bild ergibt sich beim Verletzungsrisiko: Das ist in der Bahn 96-mal niedriger als im Auto und 27-mal niedriger als im Bus. Übrigens lassen sich nicht nur Passagiere, sondern auch Gefahrgüter wesentlich sicherer auf der Schiene transportieren als auf der Straße.

Für diesen Sicherheitsvorsprung existieren mehrere Gründe. Zum einen sorgt die Spurgebundenheit dafür, dass die Bahn grundsätzlich auf der eigenen Fahrstrecke bleibt. Zum anderen sichert eine aufwendige Signaltechnik den Fahrweg ab. Für den Hochgeschwindigkeitsverkehr mit mehr als 160 Stundenkilometern kommt auf dem deutschen Schienennetz die sogenannte linienförmige Zugbeeinflussung (LZB) zum Einsatz, bei der während der Fahrt jede Beschleunigung überwacht und der Zug bei unzulässigen Abweichungen automatisch gebremst wird. Auf Strecken mit Höchstgeschwindigkeiten zwischen 100 und 160 Stundenkilometern gewährleistet die »punktförmige Zugbeeinflussung« (PZB), dass ein Zug ebenfalls automatisch gebremst wird, wenn er etwa ein Haltesignal überfährt oder eine örtliche Geschwindigkeitsbegrenzung überschreitet. Von solcherlei Technik auf Autos übertragen, können Fußgänger in Tempo-30-Zonen nur träumen. Nicht zuletzt ist im Gegensatz zum Straßenverkehr, wo jeder Autofahrer selbst entscheidet, wie lange er am Steuer sitzt, die Kontrolle der Sicherheitsvorschriften im Schienenverkehr praktisch lückenlos – das liegt schlicht und ergreifend am fahrplanmäßigen Betrieb, der zum sattsam beklagten Leidwesen der Bahnreisenden zwar auch nicht immer eingehalten werden kann, aber ein unfallträchtiges Straßenverkehrschaos im allmorgendlichen Berufsverkehr dann doch ziemlich wirksam und zuverlässig verhindert. Was nicht heißt, dass die Bahn frei von strukturellen Schwächen wäre, wie sich schlimmstenfalls bei einem Unfall zeigt. Insbesondere die Achsen und Räder eines Schienenfahrzeugs (der »Radsatz«) müssen wegen der Kräfte, denen sie ausgesetzt sind, enorme Belastungen ertragen: Da wirken neben dem Fahrzeuggewicht auch Querkräfte durch Kurvenfahrten, Stöße und Torsionsschwingungen bei Beschleunigungs- und Bremsvorgängen sowie Kräfte, die sich aus Abweichungen des Schienenstrangs von der Ideallinie (»Gleislagefehler«) ergeben. Wenn dann noch ein Fehler im Material dazukommt, etwa durch einen Hohleinschluss im Stahl wie bei der Achse des im Juli 2008 am Kölner Hauptbahnhof entgleisten ICE, ist höchste Gefahr im Verzug. Dass nach dem Kölner Zwischenfall, bei dem glücklicherweise niemand verletzt wurde, die Ultraschallprüfungen der Radsatzwellen verzehnfacht wurden, lässt ahnen, dass die Kontrollen vorher nicht ausreichend gewesen sein können – womöglich aus Kostengründen. Gegner der Bahn-Privatisierung monierten damals nicht zum ersten Mal, der geplante Börsengang habe den Staatskonzern zu einem riskanten Sparkurs gezwungen. Gelitten hat deshalb lange Jahre auch der kostenintensivste Faktor im Bahnverkehr: das Schienennetz. Zwar wird jede Strecke mehrmals im Jahr von Ultraschall-Prüffahrzeugen befahren, um Fehler aufzuspüren und gegebenenfalls schadhafte Schienen auszutauschen. Allerdings hatte man zu Hochzeiten der Privatisierungsbemühungen bei der Deutschen Bahn offenbar andere Prioritäten. Experten konzedieren immerhin, dass das Sicherheitsbewusstsein in diesem Punkt inzwischen wieder gewachsen ist.

Ein ganz anderer Risikofaktor im Bahnverkehr sind leider die Passagiere selbst. Es ist ja erstaunlich genug, dass oft schon am helllichten Vormittag in einem gewöhnlichen Bordbistro die Bierzapfanlage nicht stillsteht. Wenn dann aber noch Horden besoffener Fußballfans einfallen, ist Katastrophenalarm angesagt. Die norddeutsche Eisenbahngesellschaft Metronom hat wegen Gewalttaten und wegen der Belästigung von Reisenden durch betrunkene Fahrgäste im Jahr 2009 deshalb die Notbremse gezogen und ein generelles Alkoholverbot eingeführt. Wer das nachahmenswert findet, sollte freilich bedenken: Die meisten Durchsagen in den Zügen der Deutschen Bahn sind in nüchternem Zustand nur schwer zu ertragen.

Gefahrenfaktor ☠☠☠☠☠☠☠☠☠☠

Brände

Der große Brand von London, bei dem Anfang September des Jahres 1666 zwei Drittel der Stadt zerstört wurden und rund 100.000 Bewohner ihr Zuhause verloren, ist als eine der schwersten Feuersbrünste in die Geschichte eingegangen. Das Ereignis ist aber noch aus einem ganz anderen Grund von historischer Bedeutung, denn es kann gewissermaßen als Ausgangspunkt der modernen Risikowahrnehmung gelten. Waren Katastrophen dieser Größenordnung zuvor in der Regel auf das Walten höherer Mächte zurückgeführt worden, auf göttlichen Zorn wie beim Untergang der Stadt Gomorrha, so zeigte sich während des Londoner Wiederaufbaus erstmals in größerem Stil eine rationale Aufarbeitung der offensichtlichen Brandursachen: Neue Bauvorschriften wurden erlassen, die ein schnelles Übergreifen der Flammen von einem Gebäude auf das andere verhindern sollten; anstatt Holz durften nur noch Steine und Ziegel verbaut werden, das Parlament beschloss maximale Stockwerkshöhen und verbindliche Wandstärken. Zwar hielt sich auch später noch lange die Vorstellung vom flammenstiftenden »ira dei« ebenso wie der Volksglaube, wonach Zigeuner, Juden und Hexen die Macht hätten, Feuersbrünste auszulösen. Gleichwohl eröffnete der Geist der Aufklärung nicht zuletzt eine neue Sicht auf Katastrophenszenarien, was unter anderem die Gründung von Feuerversicherungen begünstigte. »Das Feuer ist also das erste Gebiet, auf dem die der jüdisch-christlichen Kultur inhärenten traditionellen Erklärungen an Boden verloren, weil man die konkrete Erfahrung von Böswilligkeit, Unachtsamkeit sowie von Materialfehlern machte und den Blitz als Auslöser von Schadensfällen identifizieren konnte«, schreibt der Genfer Historiker François Walter in seinem Standardwerk über die Kulturgeschichte der Katastrophen. Bemerkenswerterweise finden sich auch in der modernen Brandbekämpfung noch Spuren christlicher Symbolik, wenn beispielsweise bei den Feuerwehren der Funkrufname »Florian« Verwendung findet – in Anlehnung an den heiligen Florian von Lorch, der einst gegen Feuer- und Brandgefahren angerufen wurde.

In Deutschland fallen jedes Jahr ungefähr 500 Personen den Flammen zum Opfer – wobei anzumerken ist, dass die meisten von ihnen durch Rauchvergiftung ums Leben kommen, nicht etwa durch die Hitze oder das Feuer selbst. Rund zwei Drittel der Brand-Toten sind Männer, üblicherweise erklärt sich das mit einem im Vergleich zu Frauen risikofreudigeren Verhalten. Einfacher fällt die Analyse, was die ebenfalls signifikant erhöhte Gefährdung von Senioren angeht, die doppelt so oft von Bränden betroffen sind wie der Bevölkerungsdurchschnitt: Mit zunehmendem Alter sinkt nicht nur die Fähigkeit, ein Feuer zu löschen oder sich aus eigener Kraft davor zu retten, sondern auch die Wahrnehmungsfähigkeit, beispielsweise der Geruchssinn. Unabhängig davon ist während des Schlafens der Geruchssinn ohnehin ausgeschaltet – ein schlagendes Argument für die Installation von Rauchmeldern auch in den eigenen vier Wänden, wie sie in den Bauordnungen vieler Bundesländer inzwischen vorgeschrieben ist. Die Geräte findet man übrigens schon für weniger als zehn Euro in jedem Baumarkt; ein besseres Verhältnis zwischen Investitionssumme und Sicherheitsgewinn gab es selten. Außer vielleicht beim kostenlosen Rat, im Fall eines Wohnungsbrandes sofort auf die Knie zu gehen, denn die giftigen Rauchgase sammeln sich zunächst unter der Decke und breiten sich im Raum von oben nach unten aus. Wer aufrecht stehen bleibt, dem droht bereits nach wenigen Atemzügen die Ohnmacht. Ansonsten gilt: Tür von innen zumachen, nasse Handtücher vor die Ritzen legen, wenn das Treppenhaus verqualmt ist, und sich am Fenster oder auf dem Balkon für die Feuerwehr bemerkbar machen. Das ist allemal aussichtsreicher als der Versuch, sich durch den Rauch nach draußen zu kämpfen.

Der Brandursachenstatistik des Instituts für Schadenverhütung und Schadenforschung zufolge haben mehr als ein Drittel aller Brände Elektrizität als Ursache – insbesondere Kabelbrüche, Kurzschlüsse, überalterte Isolierungen oder defekte Elektrogeräte sind ein Problem. Bei immerhin 14 Prozent aller

Brandunfälle war menschliches Fehlverhalten im Spiel; erfahrene Feuerwehrleute wissen zu berichten, dass das Rauchen im Bett (vor allem im Rauschzustand) noch immer zu den Klassikern unter den Brandursachen gehört. Was nicht nur die Wirkungslosigkeit manch mantrahafter Warnungen deutlich macht, sondern auch das verheerende Zusammenspiel von Alkohol und Zigaretten auf vielerlei Terrain. Rund zehn Prozent aller Brände werden absichtlich gelegt, das klassische Täterprofil zeigt junge Männer zwischen 16 und 26 Jahren. Kriminalpsychologen haben zudem beobachtet, dass auf dem Land meist Scheunen angezündet werden, in Großstädten trifft es dagegen Keller am häufigsten. Unter Verdacht geraten sehr zum imagemäßigen Leid der freiwilligen Feuerwehren oft deren eigene Mitglieder. In einem Beitrag des Fachblatts »Die Kriminalpolizei« aus dem Jahr 2007 steht zu lesen: »Fälle von Brandstiftung durch Angehörige der freiwilligen Feuerwehr nehmen absolut und relativ zu, die durch sie verursachten Schadenssummen erreichen eine volkswirtschaftlich bemerkenswerte Höhe.« Der Deutsche Feuerwehrverband sah sich vor einigen Jahren gar in der Pflicht, eine Handreichung für seine Mitglieder zu erarbeiten, falls mal wieder Feuerwehrleute in ein schlechtes Licht geraten. Punkt eins: »Bei (vermutetem) Brandstifter sofort – auch öffentlich – auf Abstand gehen. Verfehlt sind Erklärungen, welche ›guten Taten‹ der entlarvte (mutmaßliche) Brandstifter ansonsten getan hat.« Gut zu wissen.

Natürlich haben manche Brände ihre jeweils eigene Saison. Dass mit nahendem Weihnachtsfest die Ausrückhäufigkeit der

Feuerwehren zunimmt, liegt auf der Hand: Je kürzer der Heilige Abend bevorsteht, desto mehr Brandquellen flackern auf dem Adventskranz. Und wenn der Weihnachtsbaum nach dem Fest noch ein paar Tage ungewässert neben der Heizung vor sich hin nadelt, verwandelt er sich mit all seinen ätherischen Ölen in regelrechten Zunder: Das »Youtube«-Video »Christmas Tree Fire« bietet hier eindrucksvolles Anschauungsmaterial. Ausgetrocknete Nadelbäume sind auch die Ursache für ein Spektakel, das uns in weit größerem Ausmaß inzwischen fast jeden Sommer beschäftigt: Waldbrände. Besonders gefährlich ist die Lage in Brandenburg, weil dort ausgedehnte Kiefernwälder auf sandigen Böden wachsen, die wenig Feuchtigkeit spenden. Nach Einstufung der EU-Kommission gehört Brandenburg neben Südfrankreich, Korsika, Südspanien und Portugal in Europa sogar zu den Gebieten mit dem höchsten Waldbrandrisiko. Und weil der Klimawandel uns aller Voraussicht nach tendenziell heißere Sommer beschert, dürfte sich die Gefahrenlage in Zukunft eher verschlechtern. Ein kleiner Trost immerhin: Für die Ökosysteme und die Artenvielfalt sind Waldbrände weit weniger schlimm als oft befürchtet.

Gefahrenfaktor ☠☠☠☠☠☠☠☠☠☠

Cholesterin

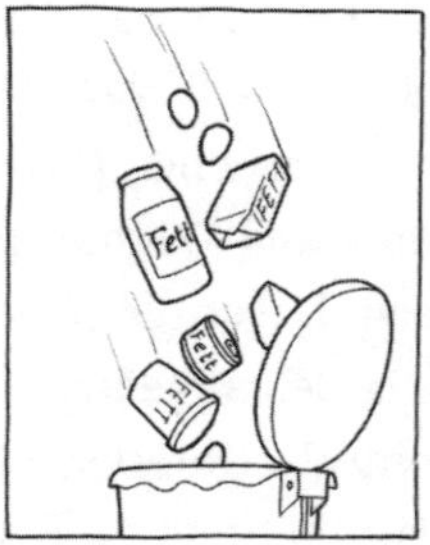

Cholesterin? War da nicht mal was? Stimmt: Ende der 80er-, Anfang der 90-Jahre stand das böse »C« auf der »Most wanted«-Liste gefürchteter Übeltäter ganz weit oben. Gewissermaßen ein Osama bin Laden in der Welt der gesunden Ernährung. Es war die Zeit, als besonders in amerikanischen Supermarktregalen jedes zweite Produkt mit der Aufschrift »low in cholesterol« angeboten wurde – als sei das eine Garantie für ein langes, beschwerdefreies Leben. Höchst verdächtig waren dagegen Nahrungsmittel wie Butter, Eier, Sahne oder Fleisch: wahre Cholesterinbomben für alle Freunde des frühen Herzinfarkts. Glaubte man zumindest. Eigentlicher Pate dieses Hypes war der 2004 im Alter von 100 Jahren verstorbene Naturwissenschaftler Ancel Keys, der schon während des Zweiten Weltkriegs große Ernährungsstudien durchgeführt und als Erster einen Zusammenhang zwischen fettreichem Essen und Herztod aufgezeigt hatte. Keys, später auch als »Monsieur Cholesterol« bekannt, war davon überzeugt, dass vor allem gesättigte Fettsäuren tierischen Ursprungs zu einem überhöhten Cholesterinspiegel im Blut führen, der wiederum eine Verstopfung der Arterien bewirke. Mittlerweile haben sich ganze Heerscharen von Forschern an dem Thema abgearbeitet, gab es regelrechte Schulen von Cholesterin-Warnern und -Verharmlosern, war von einer angeblichen »Cholesterin-Lüge« die Rede – und ist der Begriff Cholesterinwert längst in den allgemeinen Sprachschatz eingegangen. Dennoch scheint das Interesse an dem von der Leber produzierten Lipid nicht mehr so groß zu sein wie früher. Eigentlich komisch, denn im Prinzip lag Ancel Keys mit seinen Thesen gar nicht verkehrt. Entwarnung kann jedenfalls nicht gegeben werden, wiewohl es inzwischen ziemlich wirksame Medikamente gibt (die dem Cholesterin viel von seinem Schrecken genommen haben und womöglich die Ursache für dessen verminderte Medienpräsenz sind).

Zunächst mal ist Cholesterin aber ein lebenswichtiger, fettähnlicher Stoff, der zur Stabilisierung der Zellmembran dient und unter anderem als Baustein für verschiedene Hormone benötigt wird. Für den Transport im Blut wird es an Eiweißmoleküle gebunden, wobei das Low Density Lipoprotein (LDL, »böses Cholesterin«) für den Transport des Cholesterins zu den Körperzellen verantwortlich ist, das High Density Lipoprotein (HDL, »gutes Cholesterin«) dagegen für den Rücktransport in die Leber. Zirkuliert zu viel LDL im Blut, lagert es sich an den Gefäßwänden als Plaques ab, was zu einer Verengung der Arterien führt und das Risiko von Herzinfarkt oder Schlaganfall erhöht. Und zwar ziemlich deutlich, daran herrscht praktisch kein Zweifel mehr. Tückischerweise existieren keine Symptome, die uns auf einen überhöhten Cholesterinspiegel aufmerksam machen würden – wer Gewissheit will (der Normalwert liegt bei 150 bis 200 Milligramm Gesamtcholesterin je Deziliter Blut), kommt um einen Labortest nicht herum. Allein durch den Verzehr möglichst cholesterinarmer Lebensmittel wie Gemüse, Hülsenfrüchte oder Fisch lässt sich die Sache jedoch nicht in den Griff kriegen: »Diäten haben nur einen moderaten Effekt auf das zirkulierende Cholesterin«, sagt Professor Wolfgang Koenig von der Universitätsklinik in Ulm. Der Cholesterin-Experte stellt unmissverständlich klar, dass insgesamt eine gesunde Lebensweise notwendig sei, um den Wert nicht hochschnellen zu lassen – also viel Bewegung, kein Nikotin und mäßiger Alkoholgenuss; Stress kann ebenfalls dazu beitragen, die Cholesterinwerte langfristig zu erhöhen. Und natürlich leiden manche Menschen auch unter einer erblich bedingten Neigung zu erhöhter Cholesterinproduktion, die nur durch den Einsatz von Medikamenten in den Griff zu bekommen ist.

Das Zaubermittel aus der Apotheke heißt Statin, eine Arznei, die in den Fettstoffwechsel eingreift und die körpereigene Bildung von Cholesterin in der Leber reduziert. Unrühmliche Bekanntheit erlangte im Jahr 2001 ein Statin unter dem Handelsnamen Lipobay, weil nach dessen Einnahme mehr als 50 Menschen an Nierenversagen gestorben waren. Lipobay wurde daraufhin vom Markt genommen – was dem Siegeszug der Statine allerdings keinen Abbruch tat. Das Geschäft mit den Cholesterinsenkern ist sogar derart florierend, dass einige Pharmakritiker eine Verschwörung der Arzneimittelindustrie wittern, die mit gezielter Cholesterin-Panikmache für den reibungslosen Absatz ihrer Produkte sorge. Tatsächlich setzt allein die Firma Pfizer mit einem Statin namens Lipitor um die zehn Milliarden Euro im Jahr um. Dass solche Medikamente wirkungslos seien, wird niemand ernsthaft behaupten wollen: Die im Jahr 1994 veröffentlichte sogenannte 4-S-Studie gilt als Meilenstein in der Cholesterinforschung – sie zeigte bei Patienten mit koronarer Herzkrankheit, denen Statin verabreicht worden war, eine um 30 Prozent erhöhte Überlebenschance. Grundsätzlich lässt sich sagen: je höher das Infarktrisiko, desto größer ist auch der Nutzen der Cholesterinsenkung. Dem Ulmer Fachmann Wolfgang Koenig zufolge vermindert die Einnahme eines Statins außerdem zweifelsfrei das Risiko eines Schlaganfalls.

Deutlich umstrittener dagegen ist die Wirkung sogenannter Pflanzensterine, die von der Lebensmittelindustrie ob ihrer cholesterinsenkenden Wirkung angepriesen werden. Mit Pflanzensterinen angereichertes »Functional Food« wie spezielle »pro-aktive« Margarine oder Joghurt-Drinks verhelfen den Herstellern zwar wegen hoher Preise zu satten Gewinnen, den Verbrauchern aber nicht unbedingt zu einer besseren Gesundheit. Es handelt sich um fettähnliche Substanzen, die in ihrer Struktur dem Cholesterin ähneln und dessen Aufnahme aus der Nahrung verhindern. Allerdings behindert ein erhöhter Konsum von Pflanzensterinen gleichzeitig die Aufnahme von Betacarotin, das im Körper zu Vitamin A umgewandelt und unter anderem für den Aufbau von Haut und Schleimhäuten sowie für die Bildung neuer Blutkörperchen benötigt wird. Vitamin-A-Mangel kann jedoch bei Kindern und Jugendlichen zu Wachstumsstörungen führen, weshalb zumindest sie auf derlei Produkte verzichten sollten. Weil die Langzeitwirkung von Pflanzensterinen in hoher Dosis noch nicht so recht erforscht ist, täten aber auch alle anderen besser daran, sich ausgewogen zu ernähren und regelmäßig Sport zu treiben, anstatt auf die segensreiche Wirkung irgendwelcher Gesundheitsmargarinen zu vertrauen. Das klingt zwar nach einer Binsenwahrheit (und kann manchmal ziemlich mühsam sein). Stimmt aber trotzdem.

Gefahrenfaktor ☠☠☠☠☠☠☠☠☠☠

Drogen

Als Rockstar gehört es seltsamerweise zum guten Ton, sich in den frühen bis mittleren Jahren mit der gesamten Palette legaler und illegaler Drogen vollzudröhnen, um später im gesetzten Alter die Jugendlichen eindringlich vor dem Konsum psychoaktiver Substanzen zu warnen. Leider gehen solche Appelle schon deswegen ins Leere, weil die meisten Rockstars ihren künstlerischen Zenit längst überschritten haben, wenn sie sich als spätberufene Gesundheitsapostel betätigen, sie hingegen in der drogenumwölkten Frühphase ihres Schaffens einen Hit nach dem anderen landeten. Insofern hat der frühe Drogentod gleich zwei evidente Vorteile: Er bewahrt den Star vor einem drohenden Karriereknick mit der offensichtlichen Folge entwürdigender Auftritte in Oldie-Shows, Las Vegas oder – noch viel schlimmer – in einer RTL-Chartsendung mit Claudia Roth von den Grünen. Und er verschont die Jugend vor unglaubwürdigen »Lasst bloß die Finger davon«-Sprüchen, die eher dazu animieren, das genaue Gegenteil zu tun. Welch ein Horrortrip wäre es wohl für jeden anständigen Gelegenheitskiffer, Jim Morrisson (Exitus nach Heroinkonsum im Alter von 28 Jahren) heute in einem Testimonial für »Just say No«-Kampagnen erleben zu müssen. Oder Janis Joplin (Tod durch Überdosis mit 28) als nervig-cleane Öko-Tante. Außerdem sind doch sowohl der Unterhaltungswert als auch das Warnpotenzial wesentlich größer, wenn sich beispielsweise eine entweder akut bedröhnte oder zumindest von den Spätfolgen erhöhten Drogenkonsums geistig beeinträchtigte Nina Hagen in eine Talksendung setzt und dem Publikum von ihrer Begegnung mit Außerirdischen erzählt.

Sei's drum, wir wollen hier nichts verharmlosen und weisen nur der Vollständigkeit halber darauf hin, dass der Drogen-Papst Timothy Leary (»Du sollst deinen Nächsten nicht daran hindern, sein oder ihr Bewusstsein zu verändern«) immerhin 75 Jahre alt wurde und Albert Hofmann, Entdecker sowie regelmäßiger Konsument von LSD, sogar 102. Diese Personen sind natürlich schon deshalb Ausnahmen, weil ihre Drogenexperimente nicht auf den schnellen Kick angelegt waren, sondern das gesamte Universum menschlichen Bewusstseins erkunden helfen sollten. Der Unterschied ist ungefähr so groß wie zwischen einem Sextouristen und einem Forschungsreisenden. Insofern ist es durchaus richtig, von Drogen-*Miss*brauch zu sprechen – was immer noch die Frage offen lässt, ob es so etwas wie einen verantwortungsvollen Drogen-*Ge*brauch gibt und wo dessen Grenzen liegen. Ein paar ziemlich gesicherte Wahrheiten lassen sich zum Thema aber allemal formulieren, insbesondere, dass – erstens – der Konsum von Drogen keine real existierenden Probleme löst und dass – zweitens – jeder, der dennoch seine eigenen Erfahrungen sammeln will, über eine gefestigte Psyche verfügen sollte. Denn – drittens – jeder Droge wohnt eine Gefahr inne.

Um genau zu sein, sogar gleich mehrere, die sich gewissermaßen zu einer Gesamtgefahr akkumulieren. Die Wissenschaft hat sich allerdings immer sehr schwer damit getan, entsprechende Kategorien zu benennen und eine nachvollziehbare Bewertungsskala zu finden; vieles blieb oft im Diffusen, auch aus Angst vor Verharmlosung bestimmter Substanzen. Die bisher beste und umfangreichste Gefahrenanalyse stammt von Professor David Nutt, Psychopharmakologe an der Universität Bristol in England. Er und seine Mitarbeiter haben zunächst drei Gefahrenfelder festgelegt, nämlich die unmittelbare Gesundheitsgefahr für den Konsumenten, das Risiko der Abhängigkeit sowie die Gefährdung der Gesellschaft durch eine bestimmte Droge. Zwanzig Substanzen, legale wie illegale, wurden unter diesen Gesichtspunkten von unterschiedlichen Fachleuten bewertet und die Ergebnisse in einer Gesamtschau zusammengeführt. Dabei steht Heroin auf Platz eins, gefolgt von Kokain und Barbituraten. Alkohol belegt den fünften Platz, Tabak den neunten – noch vor Cannabis (11. Platz), LSD (14.) und Ecstasy (18.). Das Schlusslicht bilden die Blätter des Khat-Strauchs (20.), welche als regionale Spezialität (insbesondere im Jemen kauen die Leute in Erwartung einer wohlig-entspannten Stimmung stundenlang darauf herum) hierzulande kaum einem Drogenbeauftragten den Schlaf rauben dürften. In der Einzelkritik der zehn gefährlichsten Stoffe ergibt sich folgendes Bild:

1.) Heroin wird aus Opium gewonnen, dem getrockneten Milchsaft, der beim Anritzen der unreifen Samenkapseln des Schlafmohns austritt. Es kann gespritzt, geraucht oder geschnupft werden. Der Klassiker unter den harten Drogen wirkt stark betäubend und beruhigend, anfangs auch euphorisierend. Bei Überdosierung droht Bewusstlosigkeit (eventuelles Ersticken an Erbrochenem möglich), Atemlähmung und Herzstillstand. Infektionsgefahr (HIV, Hepatitis) bei Gebrauch verunreinigter Spritzen. Extrem hohes Abhängigkeitspotenzial. Interessanterweise schädigt reines Heroin, sofern keine Überdosierung erfolgt, den Körper nicht unmittelbar – etliche Ärzte und Apotheker, die in der ersten Hälfte des 20. Jahrhunderts problemlos Zugriff auf das ursprünglich als Schmerz- und Hustenmittel entwickelte Heroin hatten, waren zwar süchtig, erreichten aber teilweise ein hohes Alter.

2.) Kokain wird aus den Blättern des Kokastrauchs gewonnen, wirkt aktivitätssteigernd und enthemmend. Davon kann jeder ein Lied singen, der auf einer Party schon mal von Koksern umgeben war. Was den Grad kokainbedingter Selbstüberschätzung angeht, seien hier nur die Namen zweier ehemaliger Konsumenten genannt: Christoph Daum und Michel Friedman. Kokain macht im Gegensatz zu Heroin weniger körperlich als vielmehr psychisch abhängig. Kurzfristig drohen Herzstillstand und Atemlähmung, längerfristig sind es Depressionen, Halluzinationen und eine Zerstörung der Nasenscheidewand.

3.) Barbiturate sind Beruhigungsmittel auf Basis der Barbitursäure, die Anfang des 20. Jahrhunderts erstmals unter dem Namen »Veronal« auf den Markt kamen und später vielfach von Selbstmördern genommen wurden (darunter der Schriftsteller Stefan Zweig). Denn bei Überdosierung kommt es zu Bewusstlosigkeit, Atemhemmung und Tod durch Kreislaufversagen. Barbiturate machen sowohl psychisch wie körperlich abhängig.

4.) Methadon ist das bekannteste synthetische Opioid, das vor allem durch die Heroin-Substitution zum Begriff wurde. Da es in diesem Zusammenhang oral verabreicht wird, bleibt der schnelle Kick aus, der die Gefahr einer Abhängigkeit steigert. Beim Spritzen ähnelt es allerdings dem Heroin – mit den entsprechenden Risiken und Folgen.

5.) Alkohol kennen wir alle (einschließlich seiner Schädlichkeit), und trotzdem lassen nur die wenigsten die Finger davon. Die Forscher um David Nutt stellen Alkohol ungefähr auf eine Stufe mit Anabolika, was die körperlichen Folgen angeht, und mit Barbituraten, was den Suchtfaktor betrifft; in puncto gesellschaftliche Schäden siedeln sie ihn zwischen Heroin und Kokain an. Santé!

6.) Ketamin, umgangssprachlich auch bekannt als »Vitamin K«, ist ein Narkosemittel, das üblicherweise in der Anästhesie verwendet wird und wegen seiner euphorisierenden, psychedelischen Wirkung zunächst vor allem von Krankenhausangestellten genascht wurde. Inzwischen hat es sich als Partydroge etabliert. Todesfälle sind nicht bekannt, bei Dauerkonsum drohen Hirnschäden oder Schizophrenie.

7.) Benzodiazepine, kurz »Benzos«, sind eigentlich Beruhigungsmittel, die in der Psychiatrie auch zur Bekämpfung von Ängsten eingesetzt werden. In der Szene sind sie deshalb unter dem Begriff »Klau-Pillen« bekannt, weil man unter ihrem Einfluss Sachen macht, die man sich sonst nicht traut. Auch als »K.O.-Tropfen« beliebt. Großes Risiko einer psychischen Abhängigkeit.

8.) Amphetamine waren ursprünglich unter dem Namen »Benzedrin« als Asthmamittel im Handel, machten aber wegen ihrer extrem belebenden Wirkung bald auch als Aufputschmittel (»Speed«) Karriere. Rascher Gewöhnungseffekt; Herzinfarkte und Schlaganfälle sind akute Gefahren, drohen aber genauso als Folge von Dauerkonsum. Der prominenteste Amphetamin-Junkie dürfte wohl Adolf Hitler gewesen sein, der es von seinem Leibarzt verabreicht bekam.

9.) Tabak ist geradezu eine Universalwaffe beim Kampf gegen die Gesundheit, wie zumindest jedem Raucher dank der schockierenden Warnhinweise auf den Zigarettenschachteln bekannt sein dürfte. Höheres Suchtpotenzial als beispielsweise Methadon; bei regelmäßigem Konsum laut Nutt-Liste gesundheitsschädlicher als Heroin.

10.) Buprenorphin ist ein starkes Schmerzmittel, das durch chemische Behandlung natürlicher Opioide (wie sie im Schlafmohn vorkommen) gewonnen wird. Angeblich kann man unter seiner Einwirkung besonders klare Gedanken fassen. Wird in der Regel zur Substitution Opiat-Abhängiger verwendet; nicht zu unterschätzendes Abhängigkeitspotenzial.

Gefahrenfaktor je nach Droge von ☠☠☠☠☠☠☠☠☠☠
bis ☠☠☠☠☠☠☠☠☠☠

Einsamkeit

Man soll nicht bei jeder Gelegenheit den alten Goethe bemühen, aber in diesem Fall muss es sein: »Wer sich der Einsamkeit ergibt, Ach! der ist bald allein; ein jeder lebt, ein jeder liebt und lässt ihn seiner Pein.« Das Zitat stammt aus Wilhelm Meisters Lehrjahren und macht sehr schön den Unterschied deutlich zwischen Einsamkeit und Alleinsein: Der Einsame »ergibt« sich seiner als Schicksal empfundenen Neigung; er ist erst in der Folge davon allein. Einsamkeit, so die Arbeitshypothese des Geheimrats, ist ein Gemütszustand; Alleinsein dagegen eine objektive Situation. Nicht viel anders, nur weniger poetisch, formuliert es mehr als 200 Jahre später der amerikanische Psychologe John T. Cacioppo: »Einsamkeit kommt von innen; allein unser Gehirn entscheidet darüber, wann wir uns einsam fühlen.« Was wiederum bedeutet, dass, im Gegensatz zum Alleinsein, keine operationalen Kriterien existieren, um den Grad der Einsamkeit zu messen. Vielmehr sind Forscher auf Auskünfte darüber angewiesen, ob sich jemand einsam fühlt. Präziser gesagt: ob eine Person unter der wahrgenommenen Diskrepanz zwischen ersehnten und tatsächlich vorhandenen Beziehungen leidet. Wenn dies der Fall ist, ergeben sich daraus etliche gesundheitliche Implikationen, die sich in einem kurzen Satz auf den Nenner bringen lassen: Einsamkeit macht krank. Es ist nur nicht ganz klar, wie und warum. Anselm Eder, Medizinsoziologe aus Wien und Autor des Buchs »Risikofaktor Einsamkeit«, sieht zwar keinen unmittelbaren Wirkungsmechanismus wie beispielsweise zwischen Viren und einer Infektion. Gesichert aber sei, dass subjektiv empfundene Einsamkeit in der Lage ist, den krank machenden Effekt anderer Faktoren zu verstärken.

Tatsächlich zeigen etliche Studien einen negativen Einfluss von Einsamkeit auf den Organismus. Eine im März 2010 von Wissenschaftlern aus Chicago veröffentlichte Langzeituntersuchung beispielsweise kam zu dem Ergebnis, dass der Blutdruck bei einsamen Menschen im Vergleich zu sozial besser eingebundenen Personen signifikant erhöht ist, und zwar unabhängig von Geschlecht, Alter und allgemeinem Gesundheitszustand. Dieser Befund stimmt mit praktisch sämtlichen anderen Studien dieser Art überein, die noch konkretere Resultate zutage gefördert haben: Infarktpatienten, die sich einsam fühlen, sind besonders gefährdet, einen weiteren Herzanfall zu erleiden; Patienten mit Herzinfarkt haben ein ungefähr dreimal so hohes Risiko, an diesem Leiden zu sterben, wenn ihnen der emotionale Rückhalt fehlt; einsame Menschen sterben früher und sind doppelt so häufig von Herzerkrankungen betroffen. Der Begriff »einsame Herzen« bekommt in diesem Kontext eine geradezu erschreckende Konnotation. Mit sehr großer Wahrscheinlichkeit hängt dies alles damit zusammen, dass das Gefühl der Einsamkeit Stress auslöst, genauso wie umgekehrt das (harmonische) Zusammensein und Gespräche mit anderen Menschen entstressend wirken. Und weil Stress nicht nur den Blutdruck in die Höhe treibt, sondern auch das Immunsystem beeinflusst, dürfte es kein Zufall sein, dass soziale Unterstützung durch den Partner oder durch Freunde die Überlebenszeit von Krebspatienten steigert.

Sonst noch was? Durchaus. Eine Studie mit mehr als 5000 Angestellten in Dänemark zeigte, dass Männer mit geringem sozialen Rückhalt ein bis zu 150 Prozent erhöhtes Risiko tragen, chronische Schmerzen im Rücken oder im Nacken zu bekommen. Weniger erstaunlich klingt die Feststellung, dass einsame Menschen besonders häufig an einer Depression erkranken – wobei hier Ursache und Wirkung durchaus wechselseitig sein können: Man denke nur an Rilkes Malte Laurids Brigge, der schon depressiv war, bevor ihm die Einsamkeit im als anonym empfundenen Pariser Moloch zu schaffen machte. Womit sich die oft vorschnell beantwortete Frage stellt, ob zunehmende Urbanisierung, ob die viel beklagte »Unwirtlichkeit unserer Städte« das Einsamkeitsempfinden befördern. Sven Hillenkamp hat dazu in der »Zeit« angemerkt: »Die Einsamen sind es, die in der Großstadt ein Bild ihrer Einsamkeit suchen, nicht die Großstadt ist es, die sie einsam macht.« Zumindest zeigen Forschungen, dass Stadtbewohner durchschnittlich bessere Netzwerke haben als Menschen auf dem Land. Wohlgemerkt: richtige Netzwerke, keine virtuellen »Freundschaften« im Internet, die keineswegs ein Mittel gegen Einsamkeit sind.

Was also unternehmen gegen die Einsamkeit, wenn schon der Computer als vermeintliches Allheilmittel keine Abhilfe schafft – zumindest nicht, solange Netzbekanntschaften im Stadium spielerischer Unverbindlichkeit verharren? Bekanntlich kann man sich ja auch in Gruppen ziemlich einsam fühlen; jeder, der schon mal von einem Ferienklub-Animateur zu lustigen Spielchen mit anderen Urlaubern aufgefordert wurde oder sich aus Reportagegründen in einem Swingerklub aufhielt, wird das bestätigen können. Bevor Einsame verzweifelt versuchen, um jeden Preis irgendwo Anschluss zu finden, wären sie sicherlich besser beraten, in Ruhe über ihre Situation nachzudenken »und sich mit der Einsamkeit auszusöhnen«, sagt der Soziologe Anselm Eder. Einsamkeit muss kein Makel sein, und auch wenn Medien ständig das Gegenteil behaupten, lassen sich diesem Gemütszustand durchaus positive Seiten abgewinnen: Kontemplation beispielsweise, von der viele Eheleute, Familienväter oder gestresste Mütter nur träumen können. Lieber einsam und zufrieden, statt gemeinsam unglücklich – mit dieser gesunden Einstellung dürften Krankheiten nicht gar so schnell auftreten.

Allerdings hat auch das Alleinsein seine Tücken, unabhängig davon, ob man sich einsam fühlt: Die soziale Kontrolle ist in einer Zweierbeziehung einfach größer, was insbesondere manchen Mann dazu veranlasst, gesünder (sprich: alkoholärmer) zu leben. Der Dramatiker Franz Xaver Kroetz berichtete in einem Interview einmal sehr lebhaft davon, welch segensreichen Einfluss die Eheschließung auf seine Leberwerte gehabt habe. Und Anselm Eder gibt zu bedenken, dass die dauerhafte Anwesenheit einer anderen Person sogar dann guttun kann, wenn die Beteiligten einander nichts mehr zu sagen haben: Allein die Gewissheit, dass jemand da ist, der zur Not den Krankenwagen ruft, wirke beruhigend und insofern stressreduzierend. Ob man nur aus diesem Grund den Bund fürs Leben schließen sollte, ist allerdings zweifelhaft. Immerhin ist die Ehe selbst ein Hort zahlreicher anderer Gefahren.

Gefahrenfaktor ☠☠☠☠☠☠☠☠☠☠

Erdbeben

Es war nur ein schwaches Nachbeben, und trotzdem zählt es zu den Ereignissen, die ich nicht vergessen werde. Man hat ja als Mitteleuropäer meist keine Vorstellung davon, wie das ist, wenn plötzlich die Erde anfängt zu zittern; mir kam es vor, als würde mich jemand ganz heftig aus dem Schlaf rütteln. Alle rannten in Pyjamas oder Unterwäsche aus dem Haus, schauten einander im Halbdunkel der noch sehr frühen Morgenstunden in die entsetzten Gesichter – und nach vielleicht 20 oder 30 weiteren Sekunden (das Zeitgefühl setzt in solchen Momenten offenbar aus) war der Spuk vorbei. Eigentlich ein Wunder, dass keine Panik ausbrach, denn das Ganze trug sich Anfang Januar 2005 in Banda Aceh zu, jener Stadt im Norden der Insel Sumatra, die wenige Tage zuvor von einem Tsunami verwüstet worden war. Die Flutwelle wurde am 26. Dezember 2004 durch das mit einer Magnitude von 9,3 drittstärkste je gemessene Beben ausgelöst, mehr als 230.000 Menschen starben. Sie werden von der International Desaster Database übrigens ausdrücklich nicht als Opfer einer Flutkatastrophe geführt, sondern eines (unterseeischen) Bebens. Legt man die Zahl der getöteten Menschen zugrunde, war es auch eines der schlimmsten in den vergangenen 100 Jahren: In China starben 1927 und 1976 jeweils mehr als 200.000 Menschen an den Folgen seismischer Aktivität, das Erdbeben in Haiti forderte im Januar 2010 bis zu 150.000 Todesopfer. Wobei es beinahe zynisch ist, wenn das Ausmaß derartiger Katastrophen oft nur anhand der Zahl der Getöteten beziffert wird: Das Leid der Schwer- und Schwerstverletzten, der Verstümmelten, der lebenslang Traumatisierten, der Waisen, der Obdachlosen, der zerstörten Familien und derjenigen, die ihre gesamte Existenzgrundlage verloren haben, gerät durch diese Art einseitiger Statistik regelmäßig schnell in Vergessenheit. Wahrscheinlich ist abstrakter »Body Count« aber einfach die beste Möglichkeit, den Schrecken solcher Menschheitsdramen gewissermaßen durch Katalogisierung zu verdrängen.

In Deutschland zählen Erdbeben ohnehin nicht zu den Naturgewalten, die der Bevölkerung schlaflose Nächte bereiten – weder im übertragenen noch im wörtlichen Sinn. Aus gutem Grund, denn bei uns ist die seismische Aktivität verhältnismäßig gering. Allenfalls der Oberrheingraben zwischen Basel und Mainz, der westliche Teil der Schwäbischen Alb, die niederrheinische Bucht um Düren sowie das Vogtland im Grenzgebiet von Bayern, Sachsen und Thüringen machen bisweilen mit einer gewissen tektonischen Unruhe auf sich aufmerksam. Die »Risikokarte Deutschland« des Center for Disaster Management an der Universität Karlsruhe zeigt diese Gegenden im Gegensatz zum gefahrlos-grün gefärbten Rest der Republik entsprechend gelb, orange oder rot unterlegt.

Bei unseren Nachbarn sind die Landschaft um Innsbruck sowie Kärnten in Österreich, das südliche Wallis und Teile Graubündens in der Schweiz einem erhöhten Risiko ausgesetzt. Für diese Kartierungen spielt jedoch nicht allein die Wahrscheinlichkeit eines künftigen Erdbebens eine Rolle, sondern auch das mögliche Schadenspotenzial. Will sagen: Eine Gegend ist umso stärker von einem Beben betroffen, je mehr Menschen dort wohnen, je mehr (unsolide) Gebäude dort stehen und je ausgeprägter die Infrastruktur ist. Erdbeben mit einer Magnitude von mehr als 6,0 hält der Seismologe Professor Friedemann Wenzel in unseren Breiten aufgrund der geologischen Gegebenheiten ohnehin für äußerst unwahrscheinlich. Selbst in diesem Fall wäre mit deutlich weniger Toten und Verletzten zu rechnen als bei vergleichbaren Beben in Entwicklungsländern, weil hierzulande die Bausubstanz wesentlich besser ist und Häuser somit weniger einsturzgefährdet sind. Als etwa am 3. September 1978 die Schwäbische Alb mit einer Magnitude von immerhin 5,7 durchgeschüttelt wurde, gab es trotz diverser Gebäudeschäden in Höhe von zusammengerechnet rund 170 Millionen Euro keinen einzigen Toten zu beklagen. Das wäre anderswo sicherlich weit weniger glimpflich verlaufen.

Insofern sind schnell gewachsene Metropolen in seismisch aktiven Gegenden besonders gefährdet. Dort blieb oder bleibt aufgrund des rapiden Zuzugs meist keine Zeit für sicheres

Bauen – von fehlendem Geld, mangelnder Expertise und unzulänglichen Bauvorschriften ganz abgesehen. Eines der größten Sorgenkinder in unserer näheren Umgebung ist die viel gepriesene Stadt Istanbul: Einer Analyse der Organisation Geohazards International zufolge wäre ein Szenario mit bis zu 55.000 Toten durchaus plausibel. Istanbul liegt unweit der nordanatolischen Verwerfung, wo die Kontinentalplatten Afrikas und Europas miteinander kollidieren; Schätzungen beziffern das Risiko eines Bebens mit der Stärke von 7,0 oder mehr innerhalb der nächsten 30 Jahre auf 60 Prozent. Als 1999 ein Erdbeben die Stadt Izmit erschütterte (18.000 Tote, 40.000 Verletzte), wurden auch noch im rund 100 Kilometer entfernten Istanbul an die 2500 Menschen unter den Trümmern instabiler Häuser begraben. Am düstersten sind die Aussichten neben Istanbul für die Millionenstädte Neu Delhi, Teheran und Katmandu in Nepal. Los Angeles und Tokio, an den entgegengesetzten Enden des seismisch besonders aktiven »Feuergürtels« rund um den Pazifik gelegen, sehen sich zwar ebenfalls einer hohen Erdbebenwahrscheinlichkeit ausgesetzt, verfügen jedoch über eine deutlich bessere Bausubstanz. Im Prinzip überstehen nicht nur moderne Stahlbetonbauten ein Erdbeben besonders gut, sondern auch leichte, flexible Konstruktionen aus Holz oder Bambus – im weitgehend gerodeten Haiti hätte es deutlich mehr Überlebende gegeben, wenn entsprechendes Baumaterial vorhanden gewesen wäre. Viele Naturkatastrophen haben eben auch eine menschengemachte Komponente.

Ist der Mensch aber auch in der Lage, Erdbeben einigermaßen zuverlässig vorherzusagen? Das würden »Narren, Lügner und Scharlatane« für sich in Anspruch nehmen, ereiferte sich einst Charles Richter, nach dem die berühmte Magnitudenskala benannt ist. Für Seismologen bleibt die Erdbebenprognose dennoch ein intensives Forschungsgebiet. Generationen von ihnen haben es mit etlichen Indizien versucht: der Dehnung der Erdkruste, Veränderungen im Grundwasserspiegel, der elektrischen Spannung des Untergrunds. Bisheriges Fazit: Eine Vorhersage mit der Treffgenauigkeit des Wetterberichts liegt nicht in Sicht. Allerdings sind inzwischen kurzfristige Warnungen für eine Region möglich, bevor sie von den Erdbebenwellen heimgesucht wird. Die bewegen sich nämlich verhältnismäßig langsam, mit Geschwindigkeiten zwischen vier und acht Kilometern pro Sekunde. Wenn das Epizentrum also weit genug von einem Ballungszentrum entfernt liegt, bliebe im Prinzip genug Zeit, um mittels Computern die Gasversorgung zu unterbrechen, Brücken zu sperren oder Sirenen aufheulen zu lassen. Istanbul verfügt bereits über ein solches Frühwarnsystem, in Indonesien ist mit deutscher Hilfe eines für Tsunamis installiert worden, und in Japan veröffentlicht seit Oktober 2007 die Japan Meteorological Agency Erdbebenwarnungen im Fernsehen und im Internet. Das bedeutet zwar noch keinen Sieg beim Kampf gegen Naturgewalten. Ein Fortschritt ist es allemal.

Gefahrenfaktor ☠☠ (in Deutschland) und ☠☠☠☠☠☠☠☠☠ (in seismisch aktiven Gegenden mit schlechter Bausubstanz)

Feinstaub & Abgase

Früher hätte man gedacht, Feinstaub ist das Zeug, das liegen bleibt, wenn die Putzfrau mal wieder in Eile war. Grobstaub wären dementsprechend diese dicken grauen Flocken unter dem Bett, die Reinigungskräfte in der Regel selbst dann unberührt lassen, wenn sie es nicht so eilig haben. Mittlerweile sind wir alle schlauer, denn Feinstaub ist in aller Munde – vor allem aber in aller Lungen, und damit fangen die Schwierigkeiten an. Wobei man fairerweise sagen muss, dass die inzwischen weitverbreitete Risikosensibilität in Sachen Feinstaub auch den Anstrengungen zu dessen Bekämpfung geschuldet ist. Mit anderen Worten: Die Politik hat auf ein virulentes Problem reagiert, das von weiten Teilen der Bevölkerung anfangs als eher nicht so dringend angesehen wurde. Oft läuft es genau umgekehrt, wenn nämlich staatliche Stellen sich gezwungen sehen, die von Medien geschürte Panik durch zweifelhaften Aktionismus in den Griff zu bekommen – man denke nur an die Rinderverbrennungen zu Zeiten von BSE. Wollen wir also nicht vergessen, dass es die EU war, die 1999 eine Richtlinie zur Luftreinhaltung auf den Weg brachte, in der unter anderem die Grenzwerte für Feinstaub festgelegt wurden. Ob es heute auch ohne diese Initiative Umweltzonen und Feinstaubplaketten gäbe, ist die Frage. Ginge es nach dem ADAC und der deutschen Automobil-Lobby, hieße die Antwort mit Sicherheit: nein.

Es gibt zwar, wie auf fast jedem Forschungsgebiet, auch hier eine Mindermeinung, aber die deutlich überwiegende Zahl der Wissenschaftler ist sich sicher: Feinstaub schadet der Gesundheit, und zwar teilweise in erheblichem Ausmaß. Worum handelt es sich überhaupt? Feinstaub, international auch »Particulate Matter« (PM) genannt, besteht aus winzigen, mit dem bloßen Auge nicht erkennbaren Schwebeteilchen in der Luft. Sie sind natürlichen Ursprungs wie etwa Wüstenstaub, können aber auch durch den Menschen und seine Maschinen verursacht werden: Autoverkehr, Heizungsanlagen und die Industrie sind als wichtigste Feinstaub-Emittenten zu nennen. Die Fachwelt unterscheidet zwischen PM 10 mit Partikelgrößen von maximal zehn Mikrometer Durchmesser und dem noch feineren PM 2,5, dessen Durchmesser mit weniger als 2,5 Mikrometer rund einem Vierzigstel der Dicke eines menschlichen Haars entspricht. Denn: Size matters! Je kleiner der Staub, desto leichter gelangt er in Atemwege und Lunge und kann so die Gesundheit schädigen. Doch nicht nur die Größe zählt, sondern auch die Beschaffenheit: »Diesel and Dust« ist in dieser Hinsicht eine besonders unheilvolle Kombination, um den Titel des berühmten Nummer-Eins-Albums einer australischen Band aus dem Jahr 1987 zu zitieren, deren Name »Midnight Oil« passenderweise auch schon recht ungesund klang. Zurück zum Thema.

Rußpartikel in Dieselabgasen sind wesentlich schädlicher als zum Beispiel natürlicher Feinstaub von Blütenpollen; sie können Atemwegserkrankungen und Herz-Kreislauf-Schäden verursachen genauso wie Lungenkrebs. »Es existiert eine lineare Dosis-Wirkungs-Beziehung«, sagt Professor Erich Wichmann, Epidemiologe am Münchener Helmholtz-Zentrum. Will heißen: Je mehr Diesel-Abgase ein Mensch einatmet, desto größer das Risiko einer entsprechenden Erkrankung. So zeigte eine Studie an 4800 älteren Frauen im Ruhrgebiet, dass die Wahrscheinlichkeit, an einer Herz- oder Lungenkrankheit zu sterben, bei Probandinnen um 70 Prozent erhöht war, wenn sie an einer stark befahrenen Straße wohnten. Natürlich können auch andere Faktoren wie etwa Lärm eine Rolle gespielt haben – aber was die Atemwege angeht, ist Feinstaub eben doch der Hauptverdächtige. Daten, die in der Stadt Augsburg gesammelt wurden, lassen ebenfalls auf einen Wirkungszusammenhang schließen: Demnach erhöht sich das Risiko eines Herzinfarkts um den Multiplikator 2,9, wenn man sich eine Stunde vorher in dichtem Verkehr aufgehalten hat. Allein in Deutschland sind nach Schätzungen der EU 65.000 Todesfälle im Jahr auf die Feinstaubbelastung zurückzuführen, bei der die besonders gesundheitsschädlichen Diesel-Rußpartikel im Vordergrund stehen.

Aus diesem Grund ist Vorsicht angebracht, wenn Kritiker des zunehmend strengen Reglements mit innerstädtischen Umweltzonen und der (noch längst nicht umfassenden) Pflicht zum Einbau von Partikelfiltern erzählen wollen, solche Maßnahmen hätten praktisch keinen Effekt. Tatsächlich mag die Gesamtbelastung mit Feinstaub nur wenig sinken. Aber darauf kommt es auch gar nicht an: Was zählt, ist die Verringerung des Anteils an wirklich gefährlichem Feinstaub. Und in dieser Hinsicht sind Umweltzonen (wenn sie denn groß genug sind) oder Filter durchaus ein probates Mittel. »Wenn alle Fahrzeuge mit Rußfiltern ausgestattet wären, wäre das unter gesundheitlichen Aspekten ein enormer Gewinn«, ist der Epidemiologe Wichmann überzeugt. Während nämlich bei Industrieanlagen die Emissionen in den vergangenen Jahren durch etliche Auflagen deutlich reduziert wurden, herrscht bei den Lastwagenflotten noch dringender Nachholbedarf. Zwar werden die Brummi-Lobbys ihr übliches Kostenargument ins Feld führen, aber eine Schadstoffreduktion dürfte sich auch unter ökonomischen Gesichtspunkten lohnen: Berechnungen der amerikanischen Umweltbehörde Environmental Protection Agency haben ergeben, dass jeder Dollar, der in die Feinstaubreduktion investiert wird, das Gesundheitswesen um fünf bis zehn Dollar entlastet. Zumal die Menschen in den Innenstädten gar keine Möglichkeit haben, sich individuell vor Feinstaub zu schützen; Atemmasken aus Papier, wie man sie oft in asiatischen Mega-Citys sieht, sind viel zu grobmaschig, um die gefährlichen Mikropartikel aufzuhalten.

Womöglich macht Feinstaub aber nicht nur krank, sondern sogar dumm. Wissenschaftler aus Mexiko und den Vereinigten Staaten haben unlängst 55 Kinder in der hoch belasteten Metropole Mexico City untersucht und mit sozial ähnlich gestellten Kindern verglichen, die in weniger verpesteten Gegenden lebten. Das Ergebnis: Jene, die stark verschmutzte Luft atmeten, verarbeiteten Informationen langsamer und hatten mehr Probleme mit dem Gedächtnis und dem strukturierten Denken. Ob solcherlei Defizite tatsächlich mit Feinstaub in Zusammenhang stehen, ist Gegenstand weiterer Untersuchungen; bewiesen ist bisher noch nichts.

Unter den Abgasen ist Feinstaub heute zweifellos der größte Übeltäter (auch wenn es sich streng genommen um kein Gas handelt) – aber was ist eigentlich aus den anderen geworden? Stickoxide sind immer noch ein Problem, wenn auch unter gesundheitlichen Aspekten wesentlich unbedeutender als Feinstaub. Zudem wurden Stickoxide ebenso wie Kohlenmonoxid dank des Siegeszugs der Fahrzeugkatalysatoren stark reduziert. Blei und Benzol sind aus dem Fahrzeugbenzin weitgehend verschwunden; die Umweltbelastung durch Schwefeldioxid wurde durch Rauchgasentschwefelung derart effektiv gesenkt, dass der einst gefürchtete saure Regen heute allenfalls noch ungute Erinnerung an die 80er-Jahre weckt – ungefähr so, wie Leggins, Schulterpolster und die Neue Deutsche Welle.

Gefahrenfaktor

Fliegen

Erlauben Sie mir folgende Bemerkung vorab: Ich habe jahrelang die Sicherheit im Flugverkehr empirisch studiert und muss sagen, die Jungs im Cockpit machen einen tollen Job. Von meiner kleinen Frankfurter Dachterrasse aus, die bei gutem Wetter nicht nur einen hervorragenden Grillplatz abgibt, sondern auch einen tollen Blick auf die Einflugschneise zum Flughafen bietet, konnte ich jedenfalls nie beobachten, dass ein Jet aus heiterem Himmel in den Stadtwald fiel. Und glauben Sie mir: Mit einem derartigen Schatz an praktischer Flugfeldforschung reist es sich als Passagier deutlich unbeschwerter, als wenn man beispielsweise mal während einer Notlandung mit an Bord saß. Das heißt: Persönliche Erfahrungen prägen das Risikobewusstsein. Wer selbst Zeuge eines statistisch höchst unwahrscheinlichen Ereignisses war, rechnet eher damit, dass sich so etwas wiederholt. Gerade die Fliegerei ist ja dazu angetan, Ängste zu evozieren – nicht ohne Grund haben etliche Katastrophenfilme mit Flugzeugen zu tun und nicht mit, beispielsweise, Fahrrädern. Obwohl im Jahr 2009 weltweit insgesamt 766 Menschen bei Flugzeugunglücken starben, aber im gleichen Zeitraum allein in Deutschland 462 Radfahrer tödlich verunglückten. Ein Passagier, der jeden Tag einmal fliegt, müsste statistisch 4807 Jahre unterwegs sein, um in einen Unfall verwickelt zu werden. Auf dem Fahrrad braucht sicherlich niemand so lange zu strampeln, bis es denn mal kracht.

Im Prinzip ist Fliegen also eine überaus zuverlässige Möglichkeit, um von A nach B zu kommen. Pro eine Million Starts und Landungen passiert derzeit weniger als ein Unfall mit Todesfolge – allerdings gibt es deutliche regionale Abweichungen: Wer in Afrika ein Flugzeug besteigt, sieht sich einem mehr als 20-mal höheren Risiko ausgesetzt, dieses Abenteuer nicht zu überleben, als wenn er in Europa in die Luft geht; im Mittleren Osten ist es auch nicht ohne (siebenmal größeres Risiko). Seit Anfang der 60er-Jahre, als die Jetterei gerade so richtig in Schwung kam, ist freilich das Todesrisiko für Flugpassagiere insgesamt um den Faktor zehn gesunken: ein fulminanter Sieg der Sicherheit. Fragt sich nur, ob das auch künftig so weitergeht. Im Moment muss man wohl eher froh sein, wenn die Unfallhäufigkeit nicht wieder zunimmt. Wer sich mit Piloten und Luftfahrtexperten unterhält, bekommt meist wenig Erfreuliches zu hören.

Insbesondere drei Entwicklungen geben Grund zur Sorge. Da wäre erstens die weiterhin steigende Zahl an Flugbewegungen zu nennen: Wenn mehr Flugzeuge unterwegs sind, stürzen halt auch mehr ab. Das klingt zunächst logischer, als es ist, denn über lange Jahre ging die absolute Zahl an Luftfahrtunglücken zurück, obwohl der Betrieb insgesamt zunahm – eben weil die Technik immer besser geworden ist und beispielsweise kaum noch Triebwerke ausfallen (was einst die Hauptursache für Abstürze war). Inzwischen heißt es oft: Die Möglichkeiten sind weitgehend ausgereizt, wir werden uns bald wieder an mehr Katastrophenbilder in den Fernsehnachrichten gewöhnen müssen.

Zweitens: Die immer komplexer werdende Bordelektronik ist keineswegs so segensreich wie erhofft. Ein viel zitiertes Beispiel ist der Beinahe-Absturz einer Maschine der australischen Airline Qantas im Oktober 2008. Der Bordcomputer hatte sich mehr oder weniger selbstständig gemacht und den Airbus A330 in einen regelrechten Sturzflug geschickt. Nur mit sehr viel Glück gelang es den Piloten, ihren wild gewordenen Jet an der Westküste Australiens notzulanden; 115 Passagiere wurden verletzt. Eine ähnliche Ursache hatte womöglich der tragische Absturz des Air-France-Airbusses über dem offenen Atlantik am 1. Juni 2009 mit 228 Toten. Jörg Handwerg, Kapitän und Sprecher der Vereinigung Cockpit, beklagt ausdrücklich, einige Hersteller seien »bei dem Versuch, durch Beschränkung der Handlungsmöglichkeiten Pilotenfehler zu vermeiden, über das Ziel hinausgeschossen«.

Drittens: der Trend zum billigen Fliegen. Wer glaubt, man könne für 19,99 Euro genauso sicher durch den Himmel über Europa gleiten wie einst zu einem Vielfachen des Preises, sollte mal kurz darüber nachdenken, wie das wohl möglich sein soll. Nur ein Beispiel: Jeder Pilot würde am liebsten für eine große, etablierte Airline arbeiten. Wird er dort nicht genommen, geht er zur Billigkonkurrenz. Das muss nicht heißen, dass das fliegende Personal bei den 19,99-Euro-Clippern unbedingt schlechter ist. Das Gegenteil ist aber ganz gewiss nicht der Fall. Aus dem extremen Preisunterbietungswettbewerb erwächst ein enormer Kostendruck auf die gesamte Branche, was beim Thema Sicherheit nicht ohne Folgen bleiben kann: Technikstandorte werden geschlossen und in Billiglohnländer verlegt, kleinere Reparaturen erst wieder am Heimatflughafen ausgeführt, Dienstpläne ausgereizt. Erfahrene Piloten sprechen von einem Paradigmenwechsel: »Safety first« werde ersetzt durch das Primat der Kosteneffizienz. Die wegen des Vulkanasche-Flugverbots wutschnaubenden Airline-Chefs waren im April 2010 ein lebhafter Beleg für diesen Trend. Es soll hier weiß Gott keine Panikmache betrieben werden, und es werden auch in Zukunft die Flugzeuge nicht reihenweise aus allen Wolken fallen. Aber allzu viel Grund für die Hoffnung auf immer noch mehr Sicherheit besteht in diesem Fall nicht.

Die meisten Unfälle im Flugverkehr ereignen sich bekanntlich beim Start oder bei der Landung. Und zwar, weil die Witterungsbedingungen in Bodennähe deutlich stärker wirken als kilometerweit über der Erde: gefährliche Scherwinde, Gewitter, dichter Nebel, regennasse Fahrbahn und noch einiges mehr. Wenn dann ein Pilot die Situation falsch ein- oder seine eigenen Fähigkeiten überschätzt, steigt das Crash-Risiko rapide an.

Tatsächlich gab es bisher kaum ein Flugzeugunglück, bei dem der menschliche Faktor keine Rolle gespielt hätte. Auch die Flughäfen selbst stellen teilweise sehr unterschiedliche Anforderungen an einen Kapitän, insbesondere hoch gelegene Airports wie Mexiko-Stadt, Johannesburg, Quito oder Bogotá. Wegen der geringen Luftdichte ist dort ein besonders schneller Anflug nötig, um den erforderlichen Auftrieb zu erzeugen. Außerdem reagiert die Maschine in großer Höhe träger. Extrem berüchtigt ist etwa der Flughafen von Tegucigalpa in Honduras: zwar nur 1000 Meter hoch gelegen, aber so richtig schön in einem von hohen Bergen umgebenen Talkessel und mit einer verdammt kurzen Landebahn. Wer dort runtergehen will, muss vorher spezielle Schulungseinheiten absolvieren.

Wo wir jetzt gerade beim beliebten Most-dangerous-Spiel sind, darf natürlich die Statistik der gefährlichsten Airlines und Flugzeuge nicht fehlen. Eine schöne Einführung in die Materie bietet die jährliche Liste jener Gesellschaften, deren Flotten wegen notorischer Sicherheitsprobleme (Jacques Barrot, Vizepräsident der EU-Kommission, sprach einst von »fliegenden Särgen«) Einflugverbot in der EU haben. Die allermeisten sind in Kongo, Indonesien, Kasachstan oder auf den Philippinen beheimatet und tragen so vertrauenerweckende Namen wie »Mango Aviation«, »Air Tropiques« oder – jawohl! – »Safe Air Company«. Nun gut. In unserem Kulturkreis interessiert wahrscheinlich mehr die Frage nach weniger exotischen Fluggesellschaften, die trotzdem gefährlich sind (was sie in Wahrheit natürlich nicht sind, weil das Risiko auch bei etwas schlechter beleumundeten Kandidaten extrem gering ist). Legen wir den Sicherheitsindex des Jet Airliner Crash Data Evaluation Centre zugrunde, steht jedenfalls der slowenische Carrier »Adria Airways« (durchschnittlich 8,8 Tote im Jahr bei ziemlich kleiner Flotte) unangefochten an der Spitze der Bruchpiloten-Charts. Zur Ehrenrettung der adriatischen Luftnummer sei gesagt: Der letzte Unfall war im Jahr 1981. Jetzt noch ein letztes Wort zum gefährlichsten Flugzeug: Es ist die »Convair 990«, auch bekannt unter dem Namen »Coronado«. Das Modell brachte es auf durchschnittlich 6,4 Tote je Maschine; weil es von Anfang an Probleme gab, wurden nur 37 Stück davon gebaut. Für Freunde der gepflegten Gänsehaut: In der Schweiz kann man noch ein Exemplar besteigen. Allerdings nur im Luzerner Verkehrsmuseum.

Gefahrenfaktor ☠

Gentechnik

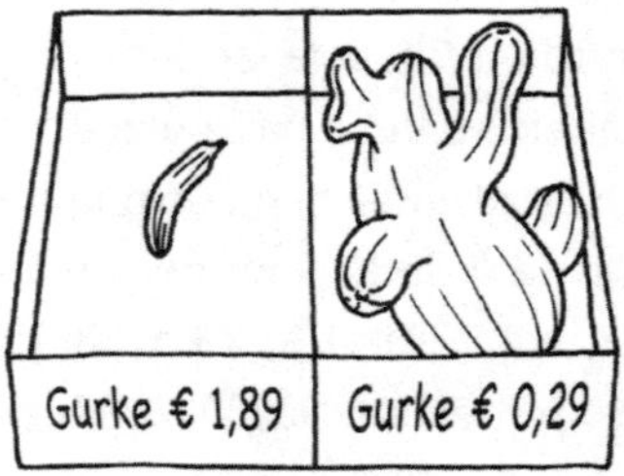

Stellen Sie sich vor, Sie stehen im Supermarkt vor der Kühltheke und wollen zur Milch greifen. Zwei Sorten gibt es zur Auswahl: Auf der einen klebt der Hinweis: »Garantiert ohne Gentechnik«. Auf der anderen steht: »Von Kühen, die mit genverändertem Soja gefüttert wurden«. Für welche Milch entscheiden Sie sich? Klarer Fall, oder? Jetzt noch mal einen Schritt zurück: Auf der einen Packung befindet sich immer noch der Aufkleber »Garantiert ohne Gentechnik«. Auf der anderen steht überhaupt nichts dazu, dafür ist sie aber um 20 Cent günstiger als das Konkurrenzprodukt. Jedenfalls fällt die Entscheidung schon nicht mehr so leicht. Sollten Sie nun zur billigeren Milch greifen, müssten Sie eigentlich ahnen, dass für deren Erzeugung irgendwelche gentechnisch veränderten Futtermittel verwendet wurden, denn anderenfalls würde der Hersteller ja mit dem Ohne-Gentechnik-Aufkleber werben. Da Sie sich aber im ersten Fallbeispiel mutmaßlich für die gentechnikfreie Milch entschieden hätten, heißt das, dass Sie gentechnisch veränderten Futtermitteln nicht so recht trauen, wahrscheinlich wegen möglicher gesundheitlicher Risiken. Bei Licht betrachtet, ist Ihnen Ihre Gesundheit also keine 20 Cent wert.

Schätzungsweise 77 Prozent der Bevölkerung lehnen hierzulande gentechnisch veränderte Lebensmittel ab; gleichzeitig gehen Experten davon aus, dass bis zu 80 Prozent aller verarbeiteten Lebensmittel im Handel in irgendeiner Form mithilfe von Gentechnik hergestellt wurden. Trotzdem werden sie ja gekauft – wenngleich ein expliziter Hinweis darauf natürlich meistens fehlt. Im Prinzip heißt das: Wir sind zwar dagegen, wollen es aber lieber gar nicht so genau wissen. Das ist vielleicht sogar weniger unvernünftig, als es auf den ersten Blick scheint, denn man kann sich ja nicht wegen allem ständig den Kopf zerbrechen. Und weil die meisten von uns wohl ahnen, dass unser tägliches Essen zumindest nicht vollständig gentechnikfrei ist, die Konsumenten deswegen aber offensichtlich nicht wegsterben wie die Fliegen, hält sich das Empörungspotenzial in Grenzen. Was nicht heißt, dass die latente Unsicherheit nicht gelegentlich zum politischen Vorteil genutzt werden kann. Ein schönes Beispiel dafür ist das im April 2009 vom Bundesamt für Verbraucherschutz und Lebensmittelsicherheit verhängte Anbauverbot für den gentechnisch veränderten Mais der Sorte »Mon 810«. Betrieben wurde dieses Verbot von der Bundeslandwirtschaftsministerin Ilse Aigner (CSU); ihre Partei war wenige Monate zuvor im Landtagswahlkampf wegen des Themas Gentechnik von bayerischen Bauern ziemlich unter Druck gesetzt worden. Aber das hat damit natürlich überhaupt nichts zu tun. Bemerkenswert allerdings, dass nicht nur zehn bedeutende deutsche Wissenschaftsorganisationen gegen diese Entscheidung protestierten, sondern auch das Bundesforschungsministerium alles andere als begeistert reagierte. Die Fachwelt war sich weitgehend einig darin, dass keine neuen Erkenntnisse vorlagen, aus denen sich bisher übersehene Risiken durch den Anbau von »Mon 810« hätten ablesen lassen. Drei Monate später gab dann auch die »Zentrale Kommission für die Biologische Sicherheit« beim Bundesamt für Verbraucherschutz und Lebensmittelsicherheit Entwarnung, aber da war die Aufregung bereits verraucht: In der Öffentlichkeit fand ihre Einschätzung, dass von dem transgenen Mais keine schädlichen Auswirkungen zu erwarten seien, praktisch keinen Widerhall.

Bei kaum einem Forschungsgebiet geraten die Emotionen derart in Wallung wie bei der sogenannten grünen Gentechnik. Das macht eine halbwegs vernunftorientierte Annäherung an das Thema nicht eben einfacher. Auf der einen Seite werden fundamentalistische Öko-Spinner verortet, die irrationale Ängste schüren und damit jeglichem Fortschritt im Weg stehen; im gegnerischen Lager sammeln sich vermeintlich skrupellose Wissenschaftler, die gottgleich in die Schöpfung eingreifen und mit ihren Manipulationen am Erbgut die Menschheit in Gefahr bringen. Das Gute gegen das Böse – je nach Standpunkt allerdings mit vertauschten Rollen. Versuchen wir trotzdem, einfach mal den Stand der Dinge zu beschreiben. Seit Jahren quält sich die Szene von Studie zu Studie, wobei traditionell die Gentechnik-Gegner den Gentechnik-Befürwortern vorwerfen, entlastende Studien verfälscht oder zumindest deren Ergebnisse in entscheidenden Punkten beschönigt zu haben. Das klingt dann etwa so: Der in der grünen Gentechnik führende Saatgutkonzern Monsanto führte in den Jahren 2000 und 2001 eine Studie durch, bei der Ratten drei Monate lang drei unterschiedliche gentechnisch veränderte Maissorten zu fressen bekamen. Das Ergebnis wurde als Argument für die Unbedenklichkeit herangezogen. Neun Jahre später veröffentlicht der Greenpeace nahestehende Molekularbiologe Gilles-Éric Séralini von der Universität Caen eine Analyse, derzufolge Monsanto durch statistische Tricks den Anteil der an Leber und Niere geschädigten Ratten herabgesetzt habe.

Andersherum funktioniert die Sache genauso. Wenn Gentechnik-Gegner behaupten, durch Veränderungen am Erbgut von beispielsweise Sojabohnen würden neue Allergien beim Menschen ausgelöst, antwortet die Gegenseite verlässlich: Theoretisch denkbar, aber in der Praxis konnte bisher kein einziger Fall gefunden oder gar nachgewiesen werden. Oder so: Gentechnik-Gegner warnen, der Mensch könne durch den Verzehr gentechnisch veränderter Pflanzen Antibiotikaresistenzen entwickeln. Gentechnik-Befürworter setzen dem entgegen, die Wahrscheinlichkeit dafür sei verschwindend gering, außerdem seien wir gegen die meisten der dabei infrage kommenden Antibiotika ohnehin schon weithin resistent. Im Zuge der klassischen Verteidigungsstrategie unterstellt die Pro-Gentechnik-Fraktion dem gegnerischen Lager jedenfalls, seine Schreckensszenarien auf theoretisch zwar möglichen, praktisch aber völlig unrealistischen Annahmen zu konstruieren. Der Verbraucher derweil sieht betroffen die Debatte brodeln und viele Fragen offen.

Im »Zweiten Gentechnologiebericht« der Berlin-Brandenburgischen Akademie der Wissenschaften aus dem Jahr 2009 heißt es über die grüne Gentechnik unmissverständlich: »Nach über einem Jahrzehnt ihrer Nutzung existiert kein Beleg dafür, dass zugelassene transgene Pflanzen besondere negative gesundheitliche Wirkungen besitzen. Anders lautende öffentliche Berichte konnten einer wissenschaftlichen Prüfung nicht standhalten.« Punkt. Dazu bleibt anzumerken, dass ein Jahrzehnt kein besonders großer Zeitraum ist, wenn es um langfristige Wirkungen geht. Wer dem technischen Fortschritt nicht grundsätzlich feindlich gegenübersteht, wird allerdings kaum dafür eintreten, jegliche Innovation vor ihrer praktischen Nutzung jahrzehntelang oder gar über Generationen hinweg auf den Prüfstand zu stellen. Zumal auch die grüne Gentechnik in vielerlei Hinsicht durchaus nutzenstiftendes Potenzial besitzt. Ebenso, wie sich aus ihr Risiken ergeben, die selbst etliche Gentechnik-Befürworter nicht in Abrede stellen. Dabei geht es aber weniger um gesundheitliche, sondern vielmehr um sozioökonomische Gefahren, die etwa daraus erwachsen könnten, dass irgendwann nur noch ein paar wenige Saatzuchtunternehmen darüber entscheiden, was auf unserem Planeten angebaut wird – gewissermaßen die grüne Variante von Apple, Microsoft und Google.

Am Schluss jetzt noch mal zurück zur Ausgangsfrage mit dem Kühlregal. Sie bevorzugen nach wie vor die gentechnikfreie Milch? Dann werden die Gentechnik-Freunde offenbar noch einige Überzeugungsarbeit leisten müssen.

Gefahrenfaktor nach derzeitigem Stand der Wissenschaft

Gewitter

Ohne Gewitter keine Reformation, anders kann man es nicht sagen. Als Martin Luther am 2. Juli des Jahres 1505 nach einem Besuch bei seinen Eltern in Stotternheim kurz vor Erfurt von einem heftigen Gewitter überrascht wurde, legte der 19-Jährige ein folgenschweres Gelübde ab: Der heiligen Anna versprach er, fortan ein Dasein als Mönch zu führen, sollte er das Unwetter überleben. Wenig später klarte der Himmel auf, Luther zog unversehrt weiter, wechselte an der Universität Erfurt prompt das Studienfach von Jura auf Theologie und trat ins Augustinerkloster ein. Der Rest dürfte ungefähr bekannt sein. Ob der fromme Martin Luther das Gewitter als einen Fingerzeig Gottes empfunden hat, sei mal dahingestellt. Fest steht, dass die Natur bei solchen Wetterereignissen auf den Putz haut wie selten – und die Krone der Schöpfung entsprechend eingeschüchtert reagiert. Früher sogar noch mehr als heute, was nicht nur daran liegt, dass die Meteorologie das Gewitter inzwischen weitgehend entmystifiziert hat. Sondern auch daran, dass zu Zeiten des großen Reformators deutlich mehr Leute durch Blitzschläge starben. Noch im 19. Jahrhundert forderten Blitze in Deutschland mehrere Hundert Menschenleben pro Jahr; aktuell liegt diese Zahl bei circa zehn. Es hat eben auch seine Vorteile, wenn man statt wie früher auf offenem Feld seiner Arbeit im geschützten Büro nachgeht und ansonsten mehr in motorisierten Faradayschen Käfigen (genannt Auto) unterwegs ist als zu Fuß.

Ein Gewitter entsteht, wenn etwa im Sommer feuchte Luft erwärmt wird und nach oben steigt (Wärmegewitter) oder wenn sich Luftmassen einer Kaltfront unter warme Schichten schieben (Frontgewitter) und dadurch ebenfalls Warmluft aufsteigt. In beiden Fällen kühlt die aufsteigende Warmluft ab und kann so weniger Feuchtigkeit halten. In den Wolken bilden sich Regentropfen, die in großen Höhen zu Eis gefrieren. Die starken Winde lassen Tropfen und Eiskristalle kollidieren, dabei werden negative Ladungsträger freigesetzt. Eispartikel im oberen Wolkenbereich sind dadurch positiv geladen. Regentropfen nehmen die Elektronen auf und transportieren sie beim Fall durch die Wolken an deren unteren Rand. Die Folge ist eine Ladungstrennung: Der obere Wolkenrand ist positiv, der untere negativ. Entladungen gleichen die Spannung aus – sie werden als Blitze sichtbar. Über Deutschland gehen im Jahr knapp drei Millionen davon nieder, und zwar mit deutlich steigender Tendenz (2004 waren es nur 1,8 Millionen), was mit hoher Wahrscheinlichkeit am Klimawandel liegt; Computersimulationen zeigen, dass je

Grad Erwärmung die Zahl der Blitze um knapp 10 Prozent steigt. Da dürfte also noch einiges auf uns zukommen – vielleicht sogar mit bisher ungeahnten Auswirkungen auf den religiösen Reformeifer.

Wer unmittelbar vom Blitz getroffen wird, hat angesichts einer elektrischen Spannung zwischen 50 Millionen und 500 Millionen Volt sowie einer Stromstärke von 10.000 bis 300.000 Ampere naturgemäß nur geringe Überlebenschancen, zumal die Temperatur im Blitzkanal Werte um die 30.000 Grad Celsius erreichen kann. Ein »Direct Strike« kommt zwar ziemlich selten vor, jedoch kann man gerade bei regennassem Boden auch im Abstand von bis zu 100 Metern zur Einschlagstelle noch indirekt getroffen werden: Blitzstrom breitet sich in alle Richtungen im Boden aus; zwischen den Beinen baut sich eine lebensbedrohliche Schrittspannung auf. Besondere Gefahr herrscht beispielsweise auf Fußballplätzen, wenn um das ebene Feld Flutlichtmasten als regelrechte Blitzfänger herumstehen. In Brasilien, einem fußballbesessenen Land mit gleichzeitig hoher Gewitterneigung, sterben praktisch jedes Jahr ein paar Kicker den heldenhaften Blitztod. Ebenfalls zur klassischen Risikogruppe gehören Bergsteiger, Radler und Angler. Ihnen allen sei geraten, nicht erst bei einsetzendem Gewitter Schutz zu suchen, sondern schon dann, wenn sich etwas Unheilvolles am Horizont abzeichnet. Denn ein Blitz kann buchstäblich wie aus heiterem Himmel bis zu 20 Kilometer vom eigentlichen Unwettergebiet entfernt einschlagen.

Wer einen Blitzschlag überlebt, hat nicht selten sein Leben

lang unter den Folgen zu leiden – darunter Gedächtnisverlust, Herzarrhythmien, gesteigerte Schmerzempfindlichkeit genauso wie Schlafstörungen, Angstattacken oder Depressionen; besonders empfindlich ist das vegetative Nervensystem. Viele Opfer leiden zudem darunter, dass ihre Beschwerden von anderen nicht recht ernst genommen werden, womöglich weil die Ursache so bizarr erscheint. In den Vereinigten Staaten tagt deshalb jedes Jahr eine Konferenz der Blitzschlagüberlebenden, deren immerhin 1400 Mitglieder einander Mut zusprechen und während ihrer Treffen den »Überlebenden des Jahres« küren. Schutzpatron der Vereinigung ist ein Park Ranger aus Virginia mit Namen Roy Sullivan, besser bekannt als der »menschliche Blitzableiter«, dem es gelang, in seinem Leben siebenmal vom Blitz getroffen zu werden – und an den Folgen einer Schussverletzung zu sterben, die er sich 1983 im Alter von 71 Jahren aus Versehen selbst beigebracht hatte.

Deutlich zu kurz gegriffen wäre es allerdings, die Gewittergefahr auf Blitz und Donner zu reduzieren. Herabfallende Äste, umstürzende Bäume, überflutete Straßen: Allein in Deutschland sterben jedes Jahr um die 50 Menschen durch die Auswirkungen gewitterbedingter Sturmböen und heftiger Niederschläge – also ungefähr fünfmal mehr als durch Blitze. Hinzu kommen Hagelschauer, die bei entsprechender Größe der Körner eine echte Lebensgefahr für Kleinkinder darstellen.

Was aber tun, wenn das Gewitter einen überrascht? In die Hocke gehen und die Füße dicht aneinanderhalten (wegen der erwähnten Spannung im Schritt)! Mobiltelefon, iPod und andere tragbare Elektrogeräte ausschalten! Bloß keinen Schirm aufspannen, der ebenfalls Blitze anlockt! Im Auto besser nicht weiterfahren und auch von innen keine Blechteile berühren! Keinen Unterschlupf unter Bäumen nehmen! Und erst recht nichts auf das Sprichwort geben mit den Eichen, denen es zu weichen gilt, und den Buchen, die man suchen soll. Der Merksatz rührt nur daher, dass früher mehr Menschen unter Eichen als unter Buchen vom Blitz erschlagen wurden. Und zwar aus einem einzigen Grund: Es gab einfach deutlich mehr Eichen als Buchen.

Gefahrenfaktor ☠☠☠☠☠☠☠☠☠☠

Grillen

Eigentlich grenzt es an ein Wunder, dass die Menschheit bis zum heutigen Tage überlebt hat und nicht schon vor Tausenden von Jahren ausgestorben ist. Denn wer die jedes Jahr pünktlich zu Beginn der Grillsaison erscheinenden Zeitungsartikel über die Gesundheitsrisiken des Garens am offenen Feuer (beziehungsweise über glimmender Kohle) studiert, muss sich aufrichtig fragen, wie der *Homo barbecuensis* das 21. Jahrhundert überhaupt erreichen konnte – und ihm auch in seiner höchsten Entwicklungsstufe nichts Besseres einfällt, als bei den ersten wärmenden Sonnenstrahlen die Glut zu entfachen, einen Rost darüberzulegen und anschließend kiloweise Würstchen oder Schweinenacken draufzuknallen. Um damit sich selbst, seine Grill-Kumpane, aber auch die unbeteiligte Nachbarschaft (Funkenflug!) sehenden, wenngleich auch vom Rauch etwas vernebelten Auges dem Tod ein saftiges Stück näher zu bringen.

Wenn es nach dem deutschen SPD-Gesundheitspolitiker Karl Lauterbach ginge (genau, das ist der Talkshow-Dauergast mit der albernen Fliege und dem penetranten rheinischen Akzent), müssten auf jedem Grill wahrscheinlich großformatige Warnhinweise mit dem Lauterbach'schen Mantra kleben: »Grillen schadet Ihrer Gesundheit! Wer das Grillen aufgibt, verlängert seine Lebenserwartung um viele Jahre!« Es ist nämlich so, dass Fett oder Fleischsaft dazu neigen, in die Glut zu tropfen und sich dort in polyzyklische aromatische Kohlenwasserstoffe zu verwandeln, die als krebserregend gelten. Es ist nun aber ebenfalls so, dass gegen diese skandalöse Tropfvergiftung zwei ziemlich probate Mittel existieren: Man stellt eine Schale aus Aluminium unter das Grillgut und wendet die Würstchen mit einer Zange, anstatt banausenhaft jede Drehung mit einem Gabelstich zu bewerkstelligen. Aber offenbar sind die hiesigen Sommerlöcher regelmäßig so tief, dass dieser einfache Sachverhalt in endlosen Ratgebertexten immer wieder aufs Neue dargelegt wird. Dabei gäbe es zu dem Thema wahrhaft Wichtigeres zu sagen.

Der amerikanische Barbecue-Philosoph Steven Raichlen hat auf seinen Forschungsreisen sämtliche Grill-Kulturen dieser Welt erkundet; er hat indische Kebab-Köche interviewt, indonesische Straßenverkäufer beobachtet, die auf schuhschachtelgroßen Grills winzige Saté-Spießchen erhitzen, und er war dabei, wenn in der südamerikanischen Pampa komplette Rinderhälften am offenen Feuer gegart wurden. Und ob Sie es glauben oder nicht: Nirgendwo außer ausgerechnet im grillkulturell zurückgebliebenen Mitteleuropa macht man sich so viele Gedanken über die angeblichen Risiken dieser Art von Nahrungsmittelzubereitung. Im Gegenteil – ein barbecue-verdammender Wanderprediger wie Karl Lauterbach bräuchte sich in grillaffinen Ländern gar nicht erst um ein politisches Mandat zu bewerben, sondern würde wahrscheinlich früher oder später selbst am Drehspieß landen. Evolutionsgeschichtlich gesehen sogar aus noch besserem Grund als aus bloß kulinarischer Perspektive, denn unsere eigene Entwicklung hin zu einem Lebewesen mit Sprachvermögen und leistungsfähigem Denkapparat steht in unmittelbarem Zusammenhang mit dem Verzehr von gegrilltem Fleisch. Sollten sich die Grill-Gegner durchsetzen, wäre die Menschheit also auf dem direkten Marsch zurück in die Vorsteinzeit. Das können nicht einmal sozialdemokratische Gesundheitsapostel wirklich wollen.

Natürlich verbinden sich noch allerlei sonstige Gefahren mit dem Grillen – wie sollte es bei einer Kombination aus offenem Feuer, übermäßigem Alkoholkonsum, scharfen Gegenständen und erhöhter Testosteronausschüttung auch anders sein. Wir wollen davon nicht schweigen und machen pflichtschuldigst darauf aufmerksam, dass laut Auskunft der Feuerwehren beim Anzünden des Grills statistisch am meisten Menschenopfer dargebracht werden, insbesondere wenn dabei Spiritus oder Benzin im Spiel sind. Ein bisher viel zu wenig gewürdigtes Phänomen ist dagegen die Magenverstimmung aufgrund verdorbenen Fleisches, das stundenlang in der prallen Sonne auf seinen Einsatz auf dem Rost gewartet hat. Es ist auch schon vorgekommen, dass Menschen an ihrem eigenen Grill erstickt sind, weil sie ihn mitsamt der Glut bei einsetzendem Regen ins Haus getragen, sämtliche Türen und Fenster verrammelt haben, sich dann zum Schlafen ins Bett legten und am nächsten Morgen nicht mehr aufwachten, weil die domestizierte Feuerstelle ihnen sämtliche Luft zum Atmen genommen hatte.

Insgesamt aber kann Entwarnung gegeben werden: Barbecue ist eine harmlose Veranstaltung, wenn man ein paar einfache Vorkehrungen trifft und das Ziel seiner Tätigkeit darin sieht, Lebensmittel zu garen, anstatt sie zu verbrennen. Wie sagte es mir der Meistergriller Steven Raichlen so treffend: »Die größte Gefahr beim Grillen besteht darin, dass einem das Fleisch ausgeht.«

Gefahrenfaktor

Handys

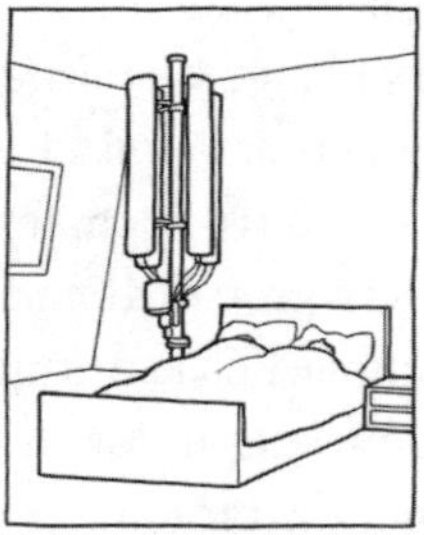

Ich war bisher erst einmal in meinem Leben in einer Art Bürgerinitiative aktiv. Es begann mit einem Flugblatt, das eines Tages in meinem Briefkasten steckte. Ein Nachbar hatte herausgefunden, dass ein Mobilfunkanbieter auf dem Dach des Nebenhauses einen Sendemast installieren wollte. Er war außer sich vor Empörung und warnte in den schillerndsten Farben vor den schlimmen Folgen, die uns künftig das Leben zur Hölle machen würden (wenn wir denn den Strahlenangriff überhaupt überleben sollten): Schlafstörungen, Tinnitus, Konzentrationsschwäche, drohende Gehirntumore. Ehrlich gesagt, man muss schon ziemlich abgebrüht sein, um angesichts solcher Nachrichten kein Gefühl der Beklommenheit zu entwickeln. Es kam zu einer Informationsveranstaltung, bei der uns ein Mann von der Telefongesellschaft von der Harmlosigkeit des Sendemasts überzeugen sollte. Was ihm natürlich nicht gelang. Ich selbst kam mir vor wie ein Kalb, das nicht so recht an die guten Absichten seines Metzgers glauben wollte. Der Informationsabend verlief sehr laut und aggressiv, am Schluss tat mit der Mobilfunkabgesandte fast ein bisschen leid. Mochten seine Argumente noch so plausibel sein, sie perlten an der Front seiner Gegner ab wie Regen an einer Windschutzscheibe. Der Sendemast wurde später natürlich trotzdem installiert, und vielleicht bin ich nur ein besonders grober Klotz. Aber es geht mir auch nach einigen Jahren immer noch ganz gut, mein Schlaf ist fest wie eh und je, ich leide weder unter Ohrensausen noch unter rätselhaften Kopfschmerz-Attacken.

Trotzdem kann ich verstehen, dass viele Leute der Technik immer noch nicht so ganz trauen. Das liegt vor allem an zwei Faktoren. Erstens sind Funkwellen unsichtbar – und eine vermeintliche Gefahr wirkt umso bedrohlicher, je weniger deutlich sie in Erscheinung tritt. Zweitens sind Mobilfunkanbieter meist große Unternehmen, denen man grundsätzlich ein größeres Vertuschungspotenzial zu unterstellen bereit ist als beispielsweise dem Verband der Amateurfunker (zumal etliche Studien, die die Harmlosigkeit der Mobiltelefonie belegten, von Telekom-Konzernen finanziert wurden). Was nichts an der Tatsache ändert, dass es schlicht keine wissenschaftlich fundierten Hinweise darauf gibt, dass von Handys, Sendemasten oder WLAN-Stationen irgendeine Gesundheitsgefahr ausgeht – es sei denn durch Unfälle wegen unfreihändigen Telefonierens im Straßenverkehr.

Natürlich wird die hochfrequente Strahlung von Handys auch vom menschlichen Körper geschluckt, wobei sich das Gewebe erwärmt. Die »spezifische Absorptionsrate« (SAR) gibt an, wie viel Strahlungsleistung ein Körper aufnimmt. Sie wird in Watt pro Kilogramm (W/kg) gemessen; ein SAR-Wert von vier W/kg erhöht laut Bundesamt für Strahlenschutz die Körpertemperatur innerhalb von 30 Minuten um etwa ein Grad Celsius. Bei Überschreitung dieses Schwellenwerts über einen längeren Zeitraum kann die Erwärmung gesundheitsschädlich sein. Der SAR-Wert während des Telefonierens mit dem Handy am Ohr liegt allerdings bei praktisch sämtlichen marktüblichen Modellen zwischen 0,2 und 1,5. Der thermische Effekt von Drahtlos-Netzen wie WLAN oder Bluetooth ist selbst bei direktem Körperkontakt mit der Basisstation nicht größer als bei einem Mobiltelefon. Weil in der Regel aber niemand seinen Kopf stundenlang an solche Stationen hält, können sie nach Expertenmeinung menschliches Gewebe nicht erhitzen und so zu Schäden führen.

Das Bundesamt für Strahlenschutz hat zwischen den Jahren 2002 und 2008 das großangelegte, 17 Millionen Euro teure »Deutsche Mobilfunk Forschungsprogramm« (DMF) durchgeführt. Dabei wurden in insgesamt 54 Projekten mögliche Gesundheitsrisiken hochfrequenter elektromagnetischer Felder untersucht. Der Vollständigkeit halber sei erwähnt, dass die Hälfte der Kosten von deutschen Mobilfunk-Netzbetreibern getragen wurden, die allerdings keinen inhaltlichen Einfluss auf das Programm nehmen konnten. Am Projekt beteiligte Wissenschaftler klopften so ziemlich alle Bereiche ab, die durch elektromagnetische Felder beeinflusst werden können: hormonelle

Vorgänge, Zellreaktionen, Stoffwechsel, Hörsystem oder die Netzhaut des Auges. Ergebnis: negativ. Auch mögliche akute Auswirkungen wie Schlafstörungen, Abfall der kognitiven Leistungsfähigkeit oder Gedächtnisverlust wurden nicht bestätigt. Kritiker und Strahlungskassandren werden sich durch diesen Befund natürlich nicht beirren lassen, was die Autoren der Mobilfunk-Studie in ihrem Abschlussbericht bereits vorwegnahmen: »In bestimmten Gruppen besteht jedoch eine hohe Sorge und eine subjektiv stark wahrgenommene Beeinträchtigung durch elektromagnetische Felder. Informations- und Kommunikationsangebote müssen gezielt auf das Informationsbedürfnis spezifischer Gruppen zugeschnitten sein und in der Form der Vermittlung das Informationsverhalten und die Informationsverarbeitung der jeweiligen Gruppen berücksichtigen«, heißt es darin wörtlich.

Was nicht ganz einfach sein dürfte, denn Verschwörungstheoretiker sehen bekanntlich in jedem Versuch, sie eines Besseren zu belehren, einen weiteren Hinweis auf die Richtigkeit ihrer Thesen und in jeder Studie einen weiteren Verschleierungsversuch. So wurde auch von seriösen Medien das Gerücht kolportiert, Verzögerungen beim Abschlussbericht der internationalen »Interphone«-Studie ließen darauf schließen, dass unliebsame Resultate unter den Teppich gekehrt werden sollten. Tatsache ist, das im Zuge dieser länderübergreifenden Untersuchung regionale Schwankungen bei der Erkrankungsrate an Gehirntumoren festgestellt wurde. Aber »einen durchgängig konsistenten Hinweis auf eine Risikoerhöhung« durch Mobiltelefonie gebe es nicht, wie die an der Studie beteiligte Mainzer Professorin Maria Blettner es in aller wissenschaftlich gebotenen Vorsicht formuliert. Sie verweist außerdem darauf, dass anderenfalls die Gehirntumorerkrankungen seit Einführung der Mobiltelefonie merklich hätten ansteigen müssen – was nicht der Fall ist.

Maria Blettner war auch an einer Untersuchung beteiligt, in der es um mögliche Gesundheitsrisiken durch Mobilfunk-Sendemasten ging: Die Sendemasten wurden geocodiert, es wurden Tausende Messungen in privaten Räumlichkeiten durchgeführt und Krankheitsregister mit der Entfernung der Masten von den Wohnungen abgeglichen. Dabei ergab sich zwar kein Hinweis auf irgendwelche spezifischen Gefahren. Wohl aber stellten die Forscher fest, dass Menschen, die sich wegen der Strahlung besondere Sorgen machten, auch besonders häufig unter Kopfschmerzen oder Schlafstörungen litten. Was die Sache natürlich nicht einfacher gestaltet.

Es soll ja Leute geben, die tatsächlich besonders sensibel auf elektromagnetische Felder reagieren. Zumindest sind in Zeitungen immer mal wieder Reportagen über sogenannte Elektrosensible zu lesen, die sich in entlegene Gegenden zurückziehen, weil sie angeblich nur im Funkloch ein ungestörtes Leben führen können. Die Wissenschaft steht diesen Menschen einigermaßen ratlos gegenüber, denn Untersuchungen ließen bisher keine Rückschlüsse auf eine entsprechende Disposition zu. Aber sogar die Epidemiologin Maria Blettner will nicht ausschließen, dass es eine Form von besonderer Elektrosensibilität geben kann. Der Vater einer Kollegin von ihr, ein ganz bodenständiger Techniker, behaupte jedenfalls von sich, Stromfelder spüren zu können. Und wer will da schon widersprechen?

Gefahrenfaktor 💀💀💀💀💀💀💀💀💀💀

Hitze

Wissenschaftlich formuliert, handelt es sich um eine »Übersterblichkeit in größeren Populationen als Folge atmosphärischer Hitzeperioden«. Der Boulevard würde das Phänomen volksnah vielleicht so betiteln: »Ein mörderischer Sommer!« Wobei der ominöse Wettergott weder die Befriedigung des Geschlechtstriebs, Habgier noch sonstige niedere Beweggründe im Sinn haben dürfte, wenn er seit einigen Jahren auch die traditionell eher kälteerprobten Nord- und Mitteleuropäer in der sonnigen Jahreszeit Temperaturen aussetzt, die viele von ihnen nicht überleben. Ein Blick in die »International Disaster Database« macht ganz schnell die Dimension des Problems deutlich: Unter den Top Ten der Naturkatastrophen in Deutschland während der vergangenen 100 Jahre steht mit weitem Abstand die Hitzewelle vom August des Jahres 2003 an erster Stelle. Der Statistik zufolge starben damals 9355 Personen an den Folgen erhöhter Celsiuswerte, während selbst bei der großen Sturmflut anno 1962 in Hamburg und Bremen die Opferzahlen im mittleren dreistelligen Bereich blieben. Wobei anzumerken ist, dass es im Sommer 2003 sogar noch deutlich mehr Hitzetote gegeben haben dürfte, als in der erwähnten Datenbank des Centre for Research on the Epidemiology of Desasters ausgewiesen sind; einige Experten gehen davon aus, es seien wie bei unseren französischen Nachbarn eher um die 70.000 gewesen. Angesichts dieser erschreckenden Zahlen muss man sich wundern, warum hierzulande das Thema Hitze immer noch so behandelt wird, als ginge es lediglich um vermehrte Schweißproduktion. Peter von Wichert, ehemaliger Direktor der Medizinischen Poliklinik in Marburg, hält in einem Artikel für die Zeitschrift »Medizinische Klinik« ausdrücklich fest: »Dass Probleme der Wärmeüberladung auch in unseren gemäßigten Zonen vorkommen können und in den letzten Jahren zunehmend beobachtet wurden, ist viel weniger in das Bewusstsein gelangt, inzwischen aber gut belegt.« Es wäre also höchste Zeit, den Realitäten ins Auge zu blicken, denn der Klimawandel dürfte die Situation in den nächsten Jahren nicht gerade verbessern. Schon aus heutiger Sicht wirkt Rudi Carrells sehnsuchtsvoller »Wann wird es endlich wieder Sommer«-Hit aus dem Jahr 1975 (»Die Sonne knallte ins Gesicht, da brauchte man die Sauna nicht«) inhaltlich ziemlich überholt.

Weil der menschliche Körper auf eine weitgehend konstante Kerntemperatur zwischen 36,5 und 37,5 Grad eingestellt ist, bedeutet Hitze grundsätzlich eine Herausforderung; Mediziner sprechen von »Hitzestress«, der sich zunächst ganz einfach als

Belastungsgefühl bemerkbar macht. Zwar verfügt unser Organismus über effiziente Mechanismen, um auch mit heißen Tagen fertig zu werden, aber wenn das Quecksilber mehr als 37 Grad anzeigt, die übliche Temperaturregulation versagt und die Körpertemperatur auf 40 Grad oder gar darüber steigt, wird es kritisch. Relativ harmlos ist noch ein Hitzekollaps, der mit Schwindel und eventuell kurzzeitiger Bewusstlosigkeit einhergeht, die aus einer extremen Erweiterung der Blutgefäße in der Haut resultiert. Lebensgefahr aufgrund von Organversagen besteht dagegen bei einem Hitzschlag, der sich unter anderem durch Kopfschmerzen, Schwindel, Apathie und Übelkeit bis hin zur Bewusstlosigkeit bemerkbar macht. In solchen Fällen ist allemal Intensivstation angesagt.

Professor Christian Witt, Pneumologe an der Berliner Charité, hält es für plausibel, dass gemäß der Van't Hoffschen Regel, wonach die Reaktionsgeschwindigkeit mit steigender Temperatur exponentiell zunimmt, auch pathologische Prozesse (etwa Entzündungen) beschleunigt werden. So könnten sich beispielsweise bestehende Atemwegserkrankungen durch Hitzestress drastisch verschlimmern. Witt zufolge steigt in den Städten nördlich der Alpen schon bei Temperaturen von knapp über 25 Grad die Sterblichkeit signifikant an; meistens aufgrund einer verminderten Lungenfunktion, die ein Herz-Kreislauf-Versagen nach sich zieht. Die Hauptrisikogruppe lässt sich in diesem Zusammenhang sehr klar umreißen: kranke, ältere Menschen, die in Innenstädten leben, wo es wegen der Gebäudeabstrahlung und mangelnder Luftzirkulation generell noch ein paar Grad wärmer ist als auf dem Land. Insofern dürfte künftig nicht nur der Klimawandel seinen Tribut fordern, sondern auch der demografische Wandel hin zu einer überalterten Gesellschaft.

Das Dilemma alter Menschen beginnt an heißen Tagen damit, dass sie nicht genügend schwitzen, weil die Produktion der Schweißdrüsen im Alter nachlässt und somit zu wenig Flüssigkeit bereitsteht, um die Hitze abzutransportieren. Dadurch kann ein fataler Mechanismus in Gang gesetzt werden: Schlägt das Herz eines älteren Menschen normalerweise 70- bis 80-mal in der Minute, sind während Überhitzung bis zu 140 Schläge möglich – bei geschwächter Herzmuskulatur eine brandgefährliche Frequenz. Die Lunge muss ebenfalls mehr leisten, um den Organismus über die Atmung von überschüssiger Wärme zu befreien: Anstatt der üblichen 16 Atemzüge pro Minute sind es im Extremfall doppelt so viele – es droht tödliche Atemnot. Auch das Immunsystem leidet bei starker Hitze, Regenerationsprozesse sind verlangsamt, Thrombosen werden begünstigt. Zudem steigt wegen mangelnder Flüssigkeitszufuhr (im Alter lässt das Durstgefühl nach) das Risiko einer Dehydration, die wiederum in Kombination mit Präparaten gegen Herzmuskelschwäche toxische Reaktionen bewirken kann. Der Pneumologe Witt beklagt ohnehin, dass bei der Dosierung von Medikamenten viel zu wenig Rücksicht auf hohe Außentemperaturen genommen werde.

Es bleibt also viel zu tun, um künftige Hitzewellen einigermaßen in den Griff zu bekommen: Neben einer temperaturabhängigen Medikation könnte sich für die Pharmaindustrie womöglich ein ganz neuer Absatzmarkt entwickeln. Nämlich für Arzneimittel, die den Körper gegen ungewohnt hohe Temperaturen wappnen – ein paar Unternehmen machen sich offenbar schon Gedanken über die Entwicklung einer Art »Hitzestress-Pille«. Und auch die Stadtplaner werden verstärkt darüber nachdenken müssen, wie man verhindern kann, dass sich die Metropolen während der Sommermonate in regelrechte »Hitze-Inseln« verwandeln. Dabei wäre schon einiges gewonnen, wenn zumindest Krankenhäuser regelmäßig mit Klimaanlagen ausgestattet würden – am besten mit solchen, die dem Klimawandel nicht auch noch Vorschub leisten.

Gefahrenfaktor

Hunde

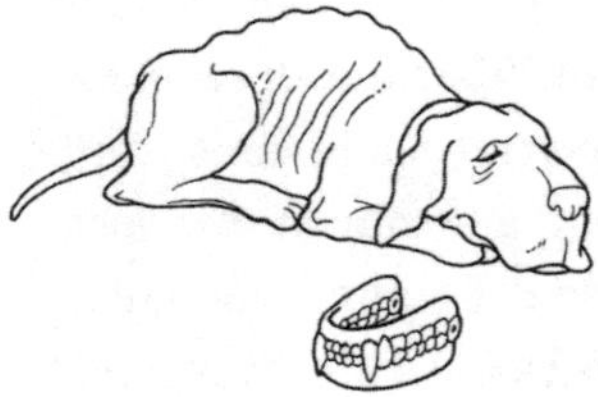

Es ist eines der berühmtesten Mosaiken der Welt – und gleichzeitig wahrscheinlich der bis heute an Millionen von Gartenzäunen, Eingangstoren und Wohnungstüren meistzitierte Warnhinweis der Antike: »Cave Canem«, versehen mit der Darstellung eines zähnefletschenden schwarzen Kettenhundes. Das Original befindet sich bekanntlich am Beginn des Flurs der »Casa del Poeta tragico«, dem »Haus des tragischen Dichters« in Pompeji, dessen treuer Canide seinerzeit zwar unliebsame Besucher vor dem Eindringen in die Privatgemächer abgehalten haben mag, nicht aber die Glutlawinen im August des Jahres 79 n. Chr., als der Vesuv ausgebrochen war. »Vorsicht vor dem Hund« ist in Anbetracht von rund 50.000 jedes Jahr allein in Deutschland dokumentierten Hundebissen durchaus weiterhin angebracht, zumal die Dunkelziffer noch höher liegen dürfte, weil viele Herrchen und Frauchen den angeblich besten Freund des Menschen nicht in Verruf bringen wollen und dessen dentale

Übergriffe tunlichst verschweigen. Wir wissen ja alle: »Der will nur spielen« – wobei die beteiligten Parteien zuweilen leider recht unterschiedliche Auffassungen über die Spielregeln haben.

Wo keine Regeln gelten (oder wo jeder seine eigenen hat) herrscht Anarchie – also ein Zustand allgegenwärtiger Gefahr. Gerade das Zusammenleben von Mensch und Hund ist jedoch von altersher einem strengen Kodex mit klarer Rollenverteilung unterworfen gewesen: Der Zweibeiner hat das Sagen, der Vierbeiner darf ihm dienen und helfen – bei der Jagd, dem Hüten von anderem Getier oder bei der Verteidigung des Eigentums. Das Zeitalter der Technisierung hat aber auch den Hund in eine tiefe Sinnkrise gestürzt, viele seiner angestammten Tätigkeiten sind mittlerweile obsolet geworden, sodass er sich mit der Rolle eines Kuscheltiers beziehungsweise Renommierobjekts begnügen muss – was aufs Gemüt schlagen kann. Der Mensch wiederum lässt seine kaltschnäuzigen Weggefährten allzu oft an der langen Leine und verzichtet auf eine angemessene Erziehung. Daraus ergeben sich naturgemäß allerlei Probleme. Denn wenn ein Hund nicht von frühester Jugend an gelernt hat, sich adäquat auf den menschlichen Sozialpartner einzustellen, wird er seinerseits womöglich zeitlebens unsere eigene Gattung als Bedrohung wahrnehmen und entsprechend aggressiv reagieren. Große Aufzuchtbetriebe mit anonymer Abfütterung können da genauso prägend sein wie Verwahrlosung, übertriebene Permissivität oder sinnlose Gewalt.

Das böse Wort vom »Kampfhund« sollte insofern endlich

auch als irreführender Kampfbegriff enttarnt werden, denn keineswegs sind die besonders schlecht beleumundeten Rassen auch besonders häufig an Attacken gegen brave Passanten beteiligt; sie werden von den Medien nur gern verallgemeinernd als Monster beschrieben, wenn mal wieder ein ganzkörpertätowierter Hundehalter seinen Pitbull nicht im Griff hatte. Die meisten deutschen Städte führen eine sogenannte Beißstatistik, und überall steht der Mischling ganz oben auf der Liste. Was kein Wunder ist, denn es gibt einfach viel mehr Mischlinge als reinrassige Artgenossen. In der Aufzählung von »Fällen, in denen Menschen verletzt oder auch nur gefahrdrohend angesprungen wurden« folgen beispielsweise in Berlin der Deutsche Schäferhund, der Rottweiler, Terrier ohne besondere Spezifikation sowie der Dobermann. Der verrufene American Staffordshire steht für das Jahr 2007 mit insgesamt 23 Angriffen nur auf Platz sechs des Rankings der gefährlichsten Hauptstadthunde und teilt sich diese Position mit dem – Dackel. Der smarte Golden Retriever war übrigens doppelt so häufig in Schnapplaune wie der Underdog unter den Hunden, nämlich der Bullterrier. So stellt denn der amerikanische Verhaltensbiologe James Serpell auch unmissverständlich fest, dass viele sympathisch erscheinende Hunde nicht weniger aggressiv sind als vermeintliche Beißmaschinen, nur würden deren Angriffe eher toleriert und deshalb seltener angezeigt. Natürlich gibt es Hunderassen, denen wie dem Pitbull die Heißblütigkeit angezüchtet wurde und die deshalb eine besonders kurze Zündschnur haben. Aber man sollte nicht vergessen, dass sich der Kampfeswille dieser

Caniden-Soldateska vornehmlich gegen andere Hunde richtet und nicht gegen den Menschen.

Was tun, wenn es trotzdem brenzlig wird und ein fieser Köter mit blutunterlaufenen Augen und bleckendem Gebiss auf einen zugestürmt kommt? Experten raten dazu »die Kommunikation nicht anzunehmen«, was so viel heißt wie: Zeitung rausholen und mit unbeteiligter Miene den Wirtschaftsteil studieren. Dafür braucht es zugegebenermaßen gute Nerven, ebenso wie für die Anbrüll-Strategie, derzufolge man dem wütenden Tier ein autoritäres »Sitz!« oder »Platz!« entgegenschleudern soll. Das schadet allemal weniger als die Flucht-Option, mit der nur der Jagdinstinkt eines Hundes befeuert wird (der ohnehin der schnellere Läufer sein dürfte). Hat alles nichts geholfen, droht Gesundheitsgefahr übrigens weniger von den eigentlichen Bissverletzungen als vielmehr von Mikroben, die später beispielsweise Hirnhaut- oder Herzklappenentzündung hervorrufen können. Infektiologen von der Universität Tampa in Florida halten die Übertragung von Krankheitserregern (Tollwut-Viren und Tetanus-Bakterien sind allenfalls als Klassiker zu nennen) sogar für das eigentliche Risiko bei der oralen Interaktion zwischen Hunden und Menschen.

Gefahrenfaktor ☠☠☠☠☠☠☠☠☠☠

Impfen

Impfen ist zweifellos eines der Lieblingsthemen von Verschwörungstheoretikern. Wer eine Reise in die wirre Gedankenwelt dieser Leute machen will, begibt sich am besten ins Internet, wo jede noch so krude These nicht nur ihre Heimat, sondern leider auch epidemische Verbreitung findet. So war zum Beispiel auf der Homepage von »secret.tv« im Blick auf die Schweinegrippe-Impfung von einem »gewaltigen Verbrechen gegen die Menschheit« die Rede, »das offenbar nur ein Ziel verfolgt: den Genozid breiter Teile der Bevölkerung«. Ein Zentralorgan hartnäckiger Impfgegner ist die Webpräsenz »impfkritik.de«, deren Betreiber – ein gelernter Molkereifachmann – jegliches Impfen als Teufelswerk verdammt und stets dunkle Pharmamächte am Werk sieht, wenn es darum geht, einer Krankheit durch Vakzine Herr zu werden. Nun darf natürlich jeder seine Sicht der Dinge äußern, und sei sie noch so abstrus. Aber es besteht eben doch ein gravierender Unterschied zwischen der Behauptung, die Erde sei eine Scheibe, und der organisierten Angstmache vor Impfstoffen mit pseudowissenschaftlichen Begründungen. Denn während Ersteres als harmlose Spinnerei abgetan werden kann, besteht bei Letzterem die Gefahr einer weitverbreiteten Impfangst mit möglicherweise verheerenden Folgen für die Volksgesundheit. Welches Ausmaß die Panikmache annehmen kann, wurde im Schweinegrippejahr 2009 in Deutschland deutlich, wo allerlei von notorischen Impfgegnern in die Welt gesetzte Warnungen auch noch durch ein unkoordiniertes Verhalten der Gesundheitsbehörden Aufwind erhielten. Wer aber erst einmal verunsichert ist, der ist erwiesenermaßen weniger empfänglich für Gegenargumente, und seien sie wissenschaftlich noch so fundiert.

Während die Schweinegrippe grassierte (oder zumindest zu grassieren drohte), machte in Windeseile der von einer Ärztin in Umlauf gebrachte Hinweis die Runde, wonach der dem H1N1-Impfstoff beigesetzte Impfverstärker Squalen das sogenannte Golfkriegssyndrom (dazu gehören unter anderem chronische Erschöpfung, Muskelrheuma und Gedächtnisstörungen) verursachen könne. Aber erstens enthielt jener Anthrax-Impfstoff, der nach dem zweiten Golfkrieg als Auslöser des gleichnamigen Syndroms ins Gerede gekommen war, überhaupt kein Squalen. Und zweitens kann nach umfangreichen Untersuchungen mittlerweile ein Zusammenhang zwischen der Anthrax-Impfung und den beobachteten Symptomen ausgeschlossen werden. Trotzdem kam das Gerücht in die Welt, das sich auf seinem Siegeszug nicht mehr aufhalten ließ. Eine ähnliche Persistenz dürfte der These des britischen Arztes Andrew Wakefield beschieden sein, der 1998 behauptet hatte, dass die Kombinationsimpfung gegen Masern, Mumps und Röteln (MMR) unter anderem Autismus auslösen könne. 31 Studien später war klar, dass Wakefield, der übrigens Patente für eine alternative Impfvariante eingereicht hatte, völlig danebenlag: Geimpfte Kinder erkranken nicht häufiger an Autismus als ungeimpfte. Aber wie gesagt: Die Impfgegner im Internet werden schon dafür sorgen, dass trotzdem irgendwas hängen bleibt.

Die Vorbehalte gegen das Impfen sind beinahe so alt wie die Immunisierung selbst. So machte zu Beginn des 20. Jahrhunderts der Deutsche Reichsverband zur Bekämpfung der Impfung mit mehreren Hunderttausend Mitgliedern gegen die Pflicht zur Impfung gegen Pocken mobil – eine Krankheit, die nicht lange zuvor in Europa noch gewütet hatte wie die Pest und die dank entsprechender Vakzine inzwischen ausgerottet ist. Natürlich war das Impfen anfangs noch mit weitaus höheren Risiken verbunden als heute, weil die Methoden damals noch längst nicht so ausgeklügelt waren wie heute: Immer wieder löste der Pockenimpfstoff die Krankheit selbst aus; Wirkstoffe gegen Kinderlähmung enthielten teilweise Tumorviren von Affen, und 1930 starben in Lübeck 77 von 251 Säuglingen, weil die zur Immunisierung verabreichten Tuberkulosebazillen nicht abgeschwächt waren. Gleichwohl bleibt festzuhalten, dass gerade Kinderlähmung und Diphterie in Deutschland und anderswo durch konsequente Impfprogramme nahezu vollständig verdrängt werden konnten. Impfen ist nicht nur, wie das

Paul-Ehrlich-Institut es lakonisch auf den Punkt bringt, »eine der wirksamsten prophylaktischen Maßnahmen zum Schutz vor Infektionskrankheiten«. Es ist auch einer der größten Erfolge in der Medizingeschichte schlechthin. Nur zur Erinnerung: Noch um die Wende vom 19. zum 20. Jahrhundert starben hierzulande rund 160 von 1000 Kindern bis zum Alter von fünf Jahren an Infektionen wie Diphtherie, Wundstarrkrampf, Polio, Keuchhusten oder Masern.

Natürlich existieren auch beim Impfen gewisse Restrisiken, so minimal sie inzwischen auch sein mögen. Professor Stefan H. E. Kaufmann, Impfexperte am Berliner Max-Planck-Institut für Infektionsbiologie, spricht von Impfrisiken in der Größenordnung zwischen 1:500.00 bis zu 1:1 Million im Bereich der etablierten Impfstoffe. Denn Vakzine sind, wie alle anderen Arzneimittel auch, nicht frei von Nebenwirkungen. Gleichzeitig werden an die Sicherheit von Impfstoffen aber höhere Anforderungen gestellt als etwa an Medikamente zur Behandlung schwerer Erkrankungen, weil Schutzimpfungen ja grundsätzlich bei gesunden Personen eingesetzt werden und somit eine besonders vorsichtige Risiko-Nutzen-Abwägung zu gelten hat. Die Rede ist hier natürlich nicht von harmlosen Begleiterscheinungen wie Hautrötungen oder leichtem Fieber, die nach einer Impfung schon mal auftreten können. Sondern von ernsten Nebenwirkungen wie Gesichtslähmung (Guillain-Barré-Syndrom) oder chronische Erschöpfung bis hin zum Tod. Das Paul-Ehrlich-Institut sammelt die Daten zu gemeldeten Verdachtsfällen einer »über das übliche Ausmaß einer Impfreaktion hinausgehenden gesundheitlichen Schädigung« und meldet für die Jahre von 2001 bis 2009 insgesamt 65 Todesfälle bei Erwachsenen, wobei die Bandbreite von septischem Schock über Leberversagen bis zu plötzlichem Herztod reicht. Bei Kindern beläuft sich die Zahl möglicher Todesfälle im gleichen Zeitraum auf 107, viele davon starben an plötzlichem Kindstod. Nur um keine Missverständnisse aufkommen zu lassen: Das Impfen sollte keinesfalls als ursächlich für den Tod dieser Menschen angesehen werden; die allermeisten Opfer litten gleichzeitig unter teilweise schweren Erkrankungen. Zudem existiert nach derzeitigem Kenntnisstand kein wissenschaftlicher Nachweis für einen Zusammenhang zwischen Impfung und plötzlichem Kindstod. Verschwörungstheoretiker werden sich natürlich dennoch ihren ganz eigenen Reim darauf machen.

Gefahrenfaktor ☠☠☠☠☠☠☠☠☠☠

Klimawandel

Szenen eines Sommers: wolkenverhangener Himmel, 16 Grad Außentemperatur, und im Biergarten frieren die Leute. Typischer Spruch: »Den Klimawandel hab' ich mir anders vorgestellt!« Bei so viel Naivität würde jeder Meteorologe natürlich das Gesicht verziehen, denn Wetter und Klima verhalten sich zueinander ungefähr so wie ein einzelner Satz zum ganzen Buch. Um sich ein Urteil über »Anna Karenina« zu bilden, schlägt man aber auch nicht irgendeine beliebige Seite auf und lässt es bei der Lektüre der ersten drei Zeilen bewenden. Also: Das Wetter ist eine meteorologische Momentaufnahme an einem bestimmten Ort. Das Klima hingegen umfasst die Gesamtschau aller Wetterereignisse über einen Zeitraum hinweg, der lang genug ist, um dessen statistische Eigenschaften bestimmen zu können – üblicherweise sind das mindestens 30 Jahre. Wenn also der Mai des Jahres 2010 in Deutschland ziemlich kalt und verregnet war, sagt das über einen möglichen globalen Temperaturanstieg so gut wie gar nichts; ebenso wenig war der Hitzesommer 2003 ein Beleg dafür, dass wir bald alle auf dem Trockenen sitzen. Klimaforschung ist ein entsprechend langwieriges Unterfangen, das auf der Auswertung einer enormen Anzahl von Daten beruht, bei der es außerdem darum geht, den natürlichen von einem möglicherweise menschengemachten Klimawandel zu separieren. Und um es klarzustellen: Es handelt sich um eine ernst zu nehmende Wissenschaft, die eigentlich ein denkbar schlechtes Terrain für ideologische Grabenkämpfe abgeben sollte. Leider ist es aber genau so gekommen: Industrielobby-Gruppen und zumeist rechtsstehende politische Sektierer versuchen seit mindestens zwei Jahrzehnten, die Klimaforschung insgesamt zu diskreditieren, als handele es sich um eine Veranstaltung Panik verbreitender Öko-Spinner. Auf der anderen Seite sind etliche Wissenschaftler eine ungute Allianz mit Umweltverbänden eingegangen, was stets den Verdacht der Interessengeleitetheit nährt. Im jüngsten Showdown ging es um Tausende E-Mails britischer Klimaforscher, die Unbekannte im November 2009 von deren Computern gestohlen und im Internet veröffentlicht hatten. Es sollte damit bewiesen werden, dass Klimaprognosen auf zweifelhaften Berechnungen beruhen. Diese »Climagate« getaufte Bombenenthüllung erwies sich jedoch bald als Knallerbse; inzwischen kam auch eine Untersuchungskommission zu dem Ergebnis, dass von einer Klimaforscher-Verschwörung keine Rede sein könne. Das Arbeitsklima bleibt vergiftet, Argwohn und Lagerdenken herrschen allerorten.

Der Mathematiker und Wissenschaftsphilosoph Silvio Funtovicz bezeichnete die Klimaforschung einst als »postnormale Wissenschaft«, weil sie aufgrund ihrer Komplexität mit enormen Unsicherheiten umgehen, gleichzeitig aber außerdem Auskunft über mögliche Gefahren für die gesamte Menschheit geben müsse.

Ein Dilemma, dem man als Forscher nur schwer entrinnen kann: Wer zu laut warnt, bewegt sich auf wissenschaftlich wackeligem Grund; wer zu lange abwägt, riskiert wiederum, dass nicht rechtzeitig gegengesteuert wird. Zieht man vor diesem Hintergrund in Betracht, wie zäh politische Prozesse wegen diverser Partikularinteressen oft schon auf nationaler Ebene verlaufen, wird man sich kaum darüber wundern können, dass in Sachen globaler Klimapolitik auf kaum einem Gipfeltreffen konkrete Maßnahmen beschlossen werden. Zumal beispielsweise eine drastische Drosselung des Kohlendioxid-Ausstoßes in etlichen Ländern wirtschaftliche Einbußen nach sich ziehen dürfte, was wiederum zu sozialen Verwerfungen führen könnte, aus denen ihrerseits mögliche Gefahren erwachsen. China, zum Beispiel, ist weltweit der größte CO_2-Emittent. Wie brüchig der gesellschaftliche Zusammenhalt in diesem Vielvölkerstaat ist, wurde ansatzweise während der kurzen Schwächeperiode der chinesischen Volkswirtschaft zu Beginn der internationalen Finanzkrise im Jahr 2008 deutlich. Frage: Was passiert im Reich der Mitte, sollte es zu einer längeren Periode des Abschwungs kommen? Antwort: schwer zu sagen, aber wahrscheinlich nichts Gutes.

Das mag alles sehr frustrierend klingen, liegt aber in der Natur der Dinge. Eines ist jedenfalls sicher: Einfache Lösungen gibt es nicht.

Versuchen wir in aller gebotenen Vorsicht einen Ausblick auf künftige Klimaszenarien. Dazu sei gesagt: Dass es so etwas wie eine menschengemachte Komponente am unstrittig sich vollziehenden Klimawandel gibt, ist herrschende Meinung in der Klimaforschung. Wie groß dieser Anteil ist, ändert mittelfristig letztlich wenig am Ergebnis. Hauptbetroffene eines steigenden Meeresspiegels sind auf jeden Fall Länder wie Bangladesch, die sehr tief liegen und sich keine Deiche und Dämme nach niederländischem Vorbild leisten können. »Und was wird aus mir?«, würde eine ehemalige schleswig-holsteinische Ministerpräsidentin jetzt fragen, deren Bundesland ja auch am Meer liegt. In der Tat spielt Wasser eine Rolle, entsprechende Gefahr droht allerdings eher von oben. Viele Klimaforscher und auch der Weltklimabeirat IPCC prognostizieren für Nord- und Mitteleuropa langfristig steigende Niederschlagsmengen vor allem während der Wintermonate – verbunden mit anschwellenden Hochwasserproblemen besonders im Westen Deutschlands. Auch mit einer verstärkten Gewitterneigung und kurzen, aber heftigen Regengüssen im Sommer ist zu rechnen; dadurch drohen Sturzfluten. Schwerer tut sich die Wissenschaft mit Vorhersagen, was den Wind angeht. Der Weltklimabeirat äußert sich recht zurückhaltend dahingehend, dass es »eher wahrscheinlich als unwahrscheinlich zu einem Anstieg der mittleren und extremen Windgeschwindigkeiten in Nordeuropa« kommen wird. Außerdem müssen sich die Bürger in ganz Europa auf steigende Temperaturen einstellen – der nördliche Teil besonders im Winter, die Mittelmeer-Anrainer vor allem im Sommer. Allerdings wächst auch in unseren Breitengraden die Wahrscheinlichkeit heftiger Hitzewellen – meines Erachtens besteht darin die größte unmittelbare Gefahr für Leib und Leben. Nur zur Erinnerung: Der Statistik zufolge kostete der heiße Sommer des Jahres 2003 allein in Deutschland mehr als 9000 Menschenleben.

Noch mal: Die hier geschilderten Aussichten sind mögliche Szenarien, basierend auf komplexen Klimamodellen. Wir können also darauf vertrauen, dass es auch ganz anders kommt, besonders klug wäre das allerdings nicht: Besser, man sorgt vor. Und weil mit einer sofortigen Drosselung der Kohlendioxid-Emissionen erstens nicht zu rechnen ist und sie zweitens zumindest für die nächsten drei bis fünf Jahrzehnte nicht viel am grundsätzlichen (prognostizierten) Trend ändern würde, kommt es jetzt auf vernünftige Anpassungsstrategien an. »Adaption«, so der Fachbegriff, beginnt bei der Landwirtschaft, wo beispielsweise die Zucht von Nutzpflanzenarten angesagt ist, die mehr Dürre und Hitze vertragen. Veränderte Regenfall-Muster erfordern neue Reservoirs, um Wasser zu speichern, oder den Bau von Meerwasserentsalzungsanlagen. Hitzewarnungen sollten künftig ohnehin Standard werden, der Küstenschutz ist auch ein Thema. Alles in allem rechnet die Klimaschutzkonferenz der Vereinten Nationen mit Investitionen in Höhe von bis zu 171 Milliarden Dollar per anno bis zum Jahr 2030, um die

Auswirkungen des Klimawandels zu dämpfen. Sollte bis dahin nicht sämtliches Geld für die Rettung von Finanzinstituten verbraten worden sein, könnte sich eine regelrechte Adaption-Industrie entwickeln – für die der Klimawandel dann leider unverzichtbar wäre.

Gefahrenfaktor ☠☠☠☠☠☠☠☠☠☠

Krankenhauskeime

Der Sinn eines Klinikaufenthalts besteht in der Regel darin, sie möglichst bald wieder in möglichst gesundem Zustand zu verlassen. Vielleicht wäre es deshalb besser, beim Namen dieser Einrichtungen den angestrebten Erfolg in den Vordergrund zu stellen und – ähnlich wie bei Sanatorien – von »Gesundungshäusern« oder (etwas altertümlich) von »Heilanstalten« zu sprechen anstatt von Krankenhäusern. Das klingt nämlich nicht nur viel zuversichtlicher, sondern könnte noch dazu gleichsam als unmissverständlicher Handlungsauftrag an das medizinische Personal verstanden werden ebenso wie an deren Schutzbefohlene. Letztere scheinen in dieser Hinsicht teilweise etwas desorientiert zu sein, wenn man den Eingangsbereich eines beliebigen Krankenhauses betrachtet: Oft steht genau dort als Willkommensgruß in Waschbeton ein großer Aschenbecher, um den herum Patienten in Trainingsanzügen Nikotindunst in ihre Lungen saugen. Ihnen sei gesagt: Die Risiken des Rauchens werden nicht dadurch geringer, dass innerhalb des Spitals andere Gefahren lauern, insbesondere in Form von Keimen. Zwar sollte jeder Arzt, jeder Pfleger, jede Krankenschwester längst mit dem keimenden Problem vertraut sein. Doch trotz steigender Sensibilität hat sich in den vergangenen Jahren nur wenig verbessert. Krankenhäuser bleiben wahre Infektionsherde.

Basierend auf zwei Studien aus den frühen beziehungsweise späten 90er-Jahren gehen Experten davon aus, dass sich zwischen vier und sechs Prozent der Patienten in deutschen Krankenhäusern während einer stationären Behandlung mit Keimen infizieren, zumeist mit Bakterien. Das entspricht einer Zahl von rund 700.000 bis zu einer Million Fällen im Jahr; besonders häufig treten Wund- und Atemwegsinfektionen auf. Auch Blutvergiftungen sind an der Tagesordnung, wobei diese mit einem Letalitätsrisiko von an die 40 Prozent besonders gefährlich sind. Gefürchtet ist vor allem ein Bakterium namens Methicillin-resistenter Staphylococcus aureus, kurz MRSA, das bei gesunden Menschen unter anderem auf der Haut oder der Nasenschleimhaut vorkommt und eigentlich eher harmlos ist. Wenn es jedoch während einer Operation in den Körper gelangt, droht Todesgefahr: Allein durch MRSA sterben in Deutschland jährlich bis zu 10.000 Menschen, die Dunkelziffer ist sehr hoch. Das gilt übrigens generell für Infektionen mit Krankenhauskeimen, wodurch sich auch die erheblichen Divergenzen bei den Opferzahlen erklären. Sie reichen vom oberen vierstelligen bis zum mittleren fünfstelligen Bereich; der Berliner Mediziner und Hygienespezialist Klaus-Dieter Zastrow rechnet damit, dass jedes Jahr an die 40.000 Krankenhauspatienten wegen der dort verbreiteten Keime ums Leben kommen. In jedem Fall haben wir es mit einem massiven Problem zu tun, das in der breiten Öffentlichkeit noch immer unterschätzt wird.

Besonders erschütternd wirkt dieser Befund angesichts der Tatsache, dass nach Angaben der Deutschen Gesellschaft für Krankenhaushygiene mindestens jede dritte, wenn nicht jede zweite Infektion durch bessere Hygienemaßnahmen vermeidbar wäre. Zu nennen sind Ärzte oder Pfleger, die ohne Mund- und Nasenschutz arbeiten beziehungsweise diesen nicht oft genug austauschen. Mitunter versäumen sie es auch, sich die Hände richtig zu desinfizieren, was unter anderem daran liegt, dass in der Hektik des Klinikalltags die notwendige Einwirkzeit nicht eingehalten wird. Auch unsterile Instrumente sind ein Problem, das betrifft vor allem Geräte wie Endoskope, die nicht aus Stahl bestehen, sondern aus biegsamem Kunststoff und deshalb nicht durch Hitzeeinwirkung von Keimen befreit werden können. Bei bestimmten Eingriffen, etwa im Darmbereich, lässt sich ein Infektionsrisiko kaum vermeiden, weil sich dort besonders viele Keime tummeln. Ganz anders verhält es sich jedoch im Fall von Knie-, Hüft-, Schilddrüsen- oder Gefäßoperationen ebenso wie beim Legen von Bypässen: Hier wäre durch mehr Hygiene sehr viel zu gewinnen (zumal eine Infektion von Knochengewebe mit Antibiotika besonders schwer zu behandeln ist). Denn es geht nicht nur um Leib und Leben der Patienten, sondern auch um eine enorme Belastung der Allgemeinheit: Die Kosten für Therapien und in die Länge gezogene

Klinikaufenthalte, die volkswirtschaftlichen Schäden durch Arbeitsausfall oder gar dauerhafte Arbeitsunfähigkeit summieren sich jedes Jahr zu Milliardenbeträgen. Einer britischen Studie zufolge erhöhen sich die Krankenhauskosten durch Infektionen um den Faktor 2,8. In den Niederlanden wird deshalb jeder Patient konsequent auf MRSA-Keime untersucht und bei positivem Ergebnis isoliert behandelt – mit der Folge, dass dort deutlich weniger Infektionen auftreten als bei uns. Erschwerend kommt hinzu, dass von insgesamt rund 2000 Kliniken in Deutschland nur rund fünf Prozent über Hygiene-Fachärzte verfügen, die sich professionell dem Kampf gegen den Keim widmen. Dabei zeigte sich bereits Mitte des 19. Jahrhunderts, wie erfolgreich konsequente Hygiene sein kann: Der ungarische Arzt Ignaz Semmelweis verpflichtete damals seine Kollegen dazu, sich die Hände und die verwendeten Instrumente mit Chlorkalk zu desinfizieren, bevor sie schwangere Frauen untersuchten. Und siehe da: Das Kindbettfieber ging drastisch zurück; war zuvor noch fast jede zehnte Wöchnerin an dieser Infektionskrankheit gestorben, sank die Sterblichkeitsrate hinterher auf 1,3 Prozent. Zum Dank für seine Leistungen wurde Semmelweis von der Ärzteschaft als Nestbeschmutzer behandelt – weil sie einfach nicht wahrhaben wollte, dass sie selbst für die Übertragung der tödlichen Bakterien verantwortlich war.

Gefahrenfaktor ☠☠☠☠☠☠☠☠☠☠

Krieg

Der amerikanische Präsident Woodrow Wilson sprach im Jahr 1917 vom »Krieg zur Beendigung aller Kriege«. Ob er selbst daran glaubte, ist fraglich; auf jeden Fall wollte er mit diesem Gedanken die Bevölkerung seines Landes für die weitgehend unpopuläre Beteiligung an einem Konflikt gewinnen, der als Ringen um die Vormacht in Europa begonnen hatte. Tatsächlich war der Erste Weltkrieg mit schätzungsweise 17 Millionen Toten dann nur der Auftakt für einen weiteren Weltkrieg, der schließlich 55 Millionen Opfer fordern sollte. Aber sogar wenn man die beiden Weltkriege in einem sehr kühnen historischen Ansatz zu einem einzigen martialischen Weltenbrand zusammenfassen würde, bestünden doch erhebliche Zweifel an Wilsons These. Wohl blieb die Menschheit bisher vor einem »Dritten« Weltkrieg verschont, doch den Toten seit 1945 kann es ziemlich egal sein, in welcher Kategorie von Waffengang sie ihr Leben lassen mussten. Allein für das Jahr 2009 listet das Heidelberger Institut für Internationale Konfliktforschung weltweit sieben Kriege auf, darunter in Pakistan, in Somalia, im Gazastreifen – und in Afghanistan. Denn unabhängig davon, welche Bezeichnung in der deutschen Politik für die Auseinandersetzung am Hindukusch gerade angesagt ist, werten die Heidelberger Forscher als »Krieg«, wenn »mit einer gewissen Kontinuität organisiert und systematisch Gewalt eingesetzt wird« und das Ausmaß der Zerstörung »nachhaltig« ist.

Deutschland befindet sich demnach im Krieg – und wähnt sich gleichzeitig in einiger Sicherheit davor. Zumindest ergeben Befragungen, dass die Bevölkerung keine große, unmittelbare Gefährdung durch kriegerische Auseinandersetzungen für sich erkennt. Umweltzerstörung, der mögliche Verlust des Arbeitsplatzes oder auch Terrorismus werden regelmäßig als bedrohlicher wahrgenommen, das Thema Krieg spielt allenfalls eine untergeordnete Rolle. Das war vor gut 20 Jahren noch anders, als sich mit dem Warschauer Pakt und der Nato zwei klar definierte Machtblöcke gegenüberstanden, die einander mit Atomwaffen in Schach hielten. Inzwischen sind wir »von Freunden umzingelt«, wie Helmut Kohl die neue weltpolitische Lage Deutschlands einmal umschrieb; die Ängste haben sich entsprechend verlagert. Außerdem ist Afghanistan weit weg; so recht mag mittlerweile auch kaum noch jemand glauben, dass die Sicherheit der Bundesrepublik »am Hindukusch verteidigt« werde (so der damalige Verteidigungsminister Peter Struck in einer Regierungserklärung aus dem Jahr 2004). Sind die Menschen naiv in ihrer Sorglosigkeit? Eher nicht, was den Afghanistan-Krieg angeht, in dem – und das darf nicht vergessen werden – bisher mehr als 40 Soldaten der Bundeswehr gefallen sind. Denn selbst wenn der Einsatz scheitern sollte, steht die Existenz Deutschlands und seiner Einwohner nicht auf dem Spiel, würde sich am Alltag der hiesigen Bevölkerung zumindest unmittelbar so gut wie nichts ändern. Insofern besteht eine Parallele zu den deutschen Kolonialkriegen, die Anfang des 20. Jahrhunderts ebenfalls keine übergroße Aufmerksamkeit in der Heimat der Kolonialherren fanden. Fragen muss man sich gleichwohl, was ein Scheitern der Afghanistan-Mission für die Stabilität in der Region bedeuten würde, nachdem bereits Briten und Amerikanern im Irak-Krieg der Erfolg versagt blieb.

Dass der Mittlere Osten so oder so Konfliktherd Nummer eins auf unserem Planeten bleibt, steht für die Friedensforschung außer Frage. Unter besonderer Beobachtung befindet sich bekanntlich der Iran mit seinem Streben nach regionaler Vormachtstellung und einem Atomprogramm, welches allenfalls laut offizieller Verlautbarungen rein friedliche Zwecke verfolgt. Sollte die Islamische Republik in den Besitz von Atomsprengköpfen gelangen, wäre das aber nicht nur für ihre Nachbarn eine beunruhigende Nachricht, weil iranische Trägerraketen immerhin bis nach Europa reichen. Ob das die Panikmache von wegen Atommacht Iran rechtfertigt, ist unter Sicherheitsexperten freilich sehr umstritten; die akademische Community bewertet die Lage weniger dramatisch als mancher Politiker. Neben den Unruheherden im Mittleren Osten geht insbesondere vom Dauerstreit zwischen Nord- und Südkorea sowie von den ungelösten ethnischen Konflikten in etlichen sowjetischen Nachfolgerepubliken mit der Namensendung »-stan« erhöhte Kriegsgefahr aus. Ein globaler Großkonflikt ist deswegen nicht zu erwarten – und sollte trotzdem niemals von vornherein ausgeschlossen werden. Man muss sich mit der Feststellung begnügen, dass die Zahl militärischer Konflikte zwischen einzelnen Staaten seit Ende des Zweiten Weltkriegs signifikant zurückgegangen ist und kann darauf hoffen, dass der Berliner Politikwissenschaftler Herfried Münkler recht hat mit seiner Einschätzung, bei derartigen Kriegen handele es sich um ein historisches Auslaufmodell (was »ethnische Säuberungen«, Guerilla-Kriege oder lokale Gewaltkonflikte leider nicht ausschließt).

Es spricht jedenfalls einiges dafür, dass gefestigte demokratische Gesellschaften in Europa noch nie so wenig durch Krieg bedroht waren wie heute. Wir leben in einem stabilen Bündnissystem, sehen uns keiner konkreten militärischen Bedrohung durch andere Länder ausgesetzt, haben unsere ethnischen Rivalitäten weitgehend überwunden (Ausnahmen gibt es immer, siehe Belgien) und die Anwendung von Gewalt im Prinzip geächtet. Außerdem dürfte die demografische Entwicklung ihren Teil zur wachsenden Friedfertigkeit beitragen, denn es besteht empirisch ein enger Zusammenhang zwischen Bevölkerungsentwicklung und staatlicher Sicherheit: 80 Prozent der neuen Konflikte im Zeitraum zwischen 1977 und 1999 sind in Ländern mit zwei Drittel oder mehr Jugendlichen unter 30 Jahren ausgebrochen. Überalterte Gesellschaften wie die deutsche pflegen ihre Verteilungskämpfe für gewöhnlich gewaltfrei auszutragen; der revolutionäre Schwung unter Senioren ist ziemlich gering.

Erweitert man den Kriegsbegriff, entsteht freilich ein anderes Bild. Sind beispielsweise Cyber-Angriffe auf die Computersysteme von Banken und Regierungseinrichtungen (so geschehen in Estland anno 2007) kriegerische Handlungen? Werden harte ökonomische Auseinandersetzungen zwischen Staaten zu Recht als »Handelskriege« bezeichnet? Selbstverständlich sind Leib und Leben dadurch weit weniger in Gefahr als durch einen Bombenangriff, aber der Wohlstand kann allemal darunter leiden – und damit letztlich auch das Maß an innerer Sicherheit. Nur dürfte es sehr schwierig sein, ein entsprechendes Bedrohungspotenzial auch nur halbwegs genau zu quantifizieren.

Kommen wir lieber noch einmal auf Kriege im engeren Sinn zurück und zu der Prognose, dass Europa für die nächsten Jahrzehnte als Schlachtfeld ausgedient haben dürfte. Das ist zwar beruhigend, aber für Pazifisten kein Grund zu ungetrübter Freude. Ihnen klingt noch im Ohr, was der ehemalige Bundespräsident Horst Köhler in seinem denkwürdigen Interview auf dem Rückflug vom Truppenbesuch in Afghanistan zu Protokoll gab: dass nämlich für eine Exportnation wie Deutschland »im Zweifel, im Notfall auch militärischer Einsatz notwendig ist, um unsere Interessen zu wahren, zum Beispiel freie Handelswege«. Wenig später trat er zurück, was seine These nicht widerlegt. Das ökonomistische Argument Köhlers ließe sich noch um ein verhaltensbiologisches ergänzen. Es stammt aus der Feder des amerikanischen Militärhistorikers Evan Thomas und lautet:

»Ich glaube, die atavistische Lust am Krieg wird nie ganz vergehen. Dafür ist sie zu tief verankert in der männlichen Psyche.«

Gefahrenfaktor ☠☠☠☠☠☠☠☠☠☠ (in Nord- und Mitteleuropa)

Kriminalität

»Warte, warte nur ein Weilchen, bald kommt Haarmann auch zu dir, mit dem kleinen Hackebeilchen, macht er Schabefleisch aus dir.« Schon mal gehört? Ist es nicht erstaunlich, dass diese makaberen Zeilen aus dem »Haarmann-Lied« immer noch einigermaßen bekannt sind, obwohl die darin besungenen Ereignisse mehr als 80 Jahre zurückliegen? In der Weimarer Republik hat kaum ein Strafprozess für derart großes Aufsehen gesorgt wie der Fall des Serienmörders Fritz Haarmann, der in Hannover mindestens 14 Jungen und junge Männer bestialisch ermordet und später möglicherweise zu Wurst verarbeitet hatte. Solche Geschichten bleiben nicht nur in Erinnerung, sie prägen auch das Bewusstsein der Öffentlichkeit. Haarmanns trostlose Biografie mit Erniedrigungen und kindlichen Missbrauchserlebnissen mag in vielerlei Hinsicht exemplarisch sein für Sexualtäter – was wohlgemerkt keine Entschuldigung für die Taten sein soll. Die unmittelbaren Auswirkungen der Gerichtsverhandlungen, in denen die grausigen Details der Morde geschildert wurden, sind jedenfalls auch aus heutiger Sicht alles andere als überraschend: So führte die breite Berichterstattung über den Prozess im Jahr 1924 unter anderem zu einem drastischen Anstieg der Verurteilungen wegen »Unzucht zwischen Männern« im ganzen Land. Solche Reaktionen sind einerseits verständlich, denn konkrete Schicksale mit hohem Gruselpotenzial sind schlicht einprägsamer als jede Statistik. Aus kriminologischer Sicht ist das allerdings verheerend, weil man das Rechtssystem natürlich nicht auf der Betrachtung krasser Einzelfälle aufbauen kann. Ein Dilemma übrigens, das durch die zunehmende Boulevardisierung der Medienlandschaft nicht gerade kleiner wird.

Das Kriminologische Forschungsinstitut Niedersachsen ermittelt seit Jahren die gefühlte Bedrohung durch Kriminalität in der Bevölkerung und kommt dabei regelmäßig zu dem niederschmetternden Befund, dass sie in krassem Gegensatz zur tatsächlichen Kriminalstatistik steht. So glaubte zum Beispiel ein Großteil der Befragten, die Zahl an Sexualmorden habe sich innerhalb der vergangenen zehn Jahre vervierfacht – tatsächlich sind diese Delikte um die Hälfte zurückgegangen. Interessant wird es, wenn man diese Gefühlslage mit der Veränderung des medialen Angebots abgleicht: Während des betrachteten Zeitraums hat sich die Berichterstattung über Sexualmorde bei den Privatsendern versechsfacht, im öffentlich-rechtlichen Fernsehen ist sie um das Dreifache gestiegen. Tatsächlich machen Sexualdelikte laut polizeilicher Kriminalstatistik nur 0,8 Prozent sämtlicher Delikte aus, bei Mord, Totschlag und anderen »Straftaten gegen das Leben« sind es gar nur 0,1 Prozent – was eine gewisse Diskrepanz zwischen insinuiertem und tatsächlichem Gefährdungspotenzial offenbart. Selbstverständlich müssen jede Zeitung und jeder Sender frei darüber entscheiden können, welche Vorfälle berichtenswert sind (und ein Kannibale von Rotenburg ist allemal interessanter als jeder Scheckkartenbetrüger), aber die Dramatisierung bestimmter Kriminalfälle bleibt eben nicht ohne Folgen für Justiz- und Rechtswesen. Betrachten wir zum Beispiel die Gefangenenrate in England: Sie liegt mit 152 Inhaftierten je 100.000 Einwohner annähernd doppelt so hoch wie in Deutschland (88 Häftlinge je 100.000 Einwohner), und zwar bei im Vergleich zu uns keineswegs signifikant erhöhter Kriminalität. Christian Pfeiffer, der Direktor des Kriminologischen Forschungsinstituts Niedersachsen, führt dies unter anderem auf den harten Boulevardstil der britischen Presse zurück: Die Sensationsberichterstattung verstärke das Sicherheitsbedürfnis der Bevölkerung und spiegele sich letztlich in überfüllten Knästen. Freilich kämen andere Faktoren hinzu, etwa eine Erziehungskultur, in der körperlicher Züchtigung immer noch eine Rolle spielt. Generell lässt sich nämlich feststellen, dass die klare Sanktionierung häuslicher Gewalt einen wohltuenden Einfluss auf die Kriminalitätsstatistik einer Gesellschaft hat. In Russland zum Beispiel, berüchtigt für seine brachialen Sitten, sitzen anteilsmäßig mehr als achtmal so viele Menschen hinter Gittern wie in Schweden, wo das Schlagen von Kindern schon lange unter Strafe steht.

Natürlich leben wir in Deutschland nicht auf der Insel der Sanftmütigen. Aber im internationalen Vergleich ist die Bundesrepublik bei Einbrüchen und Überfällen gemessen an der Opferrate eines der sichersten Länder der Welt. Die mit Abstand häufigsten Delikte sind einfacher und schwerer Diebstahl, die mit 18,3 beziehungsweise 20,4 Prozent fast 40 Prozent aller Straftaten ausmachen (Stand 2009); Betrug trägt knapp 16 Prozent bei, Körperverletzungen neun Prozent. Während die aktenkundig gewordenen Fälle von Diebstahl in den vergangenen 17 Jahren um 40 Prozent gesunken sind (auch das im völligen Gegensatz zur gefühlten Bedrohung), registriert die Polizei immer mehr Betrugsdelikte, die mithilfe von Computern begangen werden. Besonders stark vermindert hat sich die Zahl jugendlicher Tatverdächtiger im Alter von 14 bis 18 Jahren, vor allem die Zahl jugendlicher Gewalttäter. Das ist insofern bemerkenswert, als auch hier spektakuläre Fälle wie etwa die brutale Tötung des Managers Dominik Brunner durch zwei Jugendliche im September 2009 an einem Münchener S-Bahnhof einen anderen Eindruck vermitteln. Womit nicht zuletzt deutlich wird, wie wenig jede noch so erfreuliche Statistik dem jeweiligen Opfer nutzt. Wenn insgesamt weniger Jugendkriminalität zu beklagen ist, liegt das aber gewiss nicht nur an einer besseren Prävention, sondern auch ganz einfach daran, dass es insgesamt immer weniger Jugendliche gibt. Weil junge Männer am stärksten zu Gewalt, wie überhaupt zu riskantem Verhalten neigen, beschert uns der demografische Wandel bei allen damit verbundenen Problemen immerhin ein ruhigeres Dasein.

Bei Kriminalität ist Vorsicht geboten. Das gilt nicht nur für Nachtschwärmer im Bahnhofsviertel (na ja, halb so wild), sondern auch für den Umgang mit Zahlen, Daten und vermeintlichen Fakten. Denn oft sind Interessen im Spiel, schließlich ist Kriminalpolitik immer noch ein beliebter Austragungsort für ideologische Grabenkämpfe. Wenn also zum Beispiel behauptet wird, die Gewaltkriminalität habe in den vergangenen Jahren nicht zugenommen, dann ist das zwar richtig. Bei größerem Betrachtungszeitraum ergibt sich aber schon wieder ein ganz anderes Bild: Seit den 60er-Jahren hat sich die Zahl der Gewaltdelikte bis zum Jahr 2007 mehr als verdreifacht, von 80 auf 227 Fälle je 100.000 Einwohner. Das Deutsche Institut für Wirtschaftsforschung veröffentlichte unlängst eine entsprechende Studie, bei der die Wirkung der Strafrechtsreform von 1969 untersucht werden sollte. Die Autoren kamen zu dem Ergebnis, dass die sogenannte Diversion, mit der der behördliche Ermessensspielraum vergrößert wurde, auf Strafverfahren zu verzichten, zu einem Anstieg vor allem bei leichten und mittleren Delikten geführt habe. Also genau in dem Bereich, wo immer mehr Verfahren eingestellt oder außergerichtlich geregelt wurden. Auch zeigte sich, dass in norddeutschen Bundesländern, wo die Strafverfolgung eher lax gehandhabt wird, mehr Straftaten verübt werden als im strengeren Süden der Republik. Die These, wonach insbesondere bei jungen Tätern ein Strafverfahren mehr schadet als nutzt, erscheint dadurch widerlegt. Andererseits hat die amerikanische »Law and Order«-Philosophie langer und harter Haftstrafen zu hohen Kosten und überfüllten

Gefängnissen geführt, nicht aber zu einem merklichen Rückgang der Kriminalität. Fazit der Untersuchung: Hauptsache, die Täter werden bestraft – auf welche Weise, das ist eine andere Frage (für deren Beantwortung sich mit Sicherheit ebenfalls die unterschiedlichsten Statistiken finden lassen).

Ein anderes Exempel für zahlenunterfütterte Desinformation: Wenn Innenminister voller Stolz davon berichten, dass die Aufklärungsquote mal wieder gestiegen sei, heißt das bei Licht besehen recht wenig. Denn der dingfest gemachte Mafioso zählt da genauso viel wie der ertappte Ladendieb. Außerdem braucht man nur die Kontrollen in Bussen und Bahnen zu verstärken, um die Aufklärungsquote in die Höhe zu treiben: kein aktenkundiges Schwarzfahrdelikt, ohne auch gleich den Täter zu haben. Ganz davon abgesehen lassen sich manche Deliktarten kaum vernünftig in Kriminalstatistiken abbilden, weil sie meist überhaupt nicht angezeigt werden – zum Beispiel Drogenkriminalität. Wenn da die Polizei nicht von sich aus ermittelt, werden eben auch keine Straftaten festgestellt. Einen interessanten Effekt hatte deshalb die Verfolgung der islamistischen »Sauerland-Gruppe«: Weil im Jahr 2007 praktisch sämtliche Observationsteams des Landes Baden-Württemberg zur Beobachtung dieser Terrorzelle abgestellt waren, konnte sich niemand mehr um Drogendealer, Frauenhändler und Schutzgelderpresser kümmern. Mit dem Effekt, dass die organisierte Kriminalität in dieser Zeit zurückging. Aber eben nur scheinbar.

Gefahrenfaktor ☠☠☠☠☠☠☠☠☠☠

Lawinen

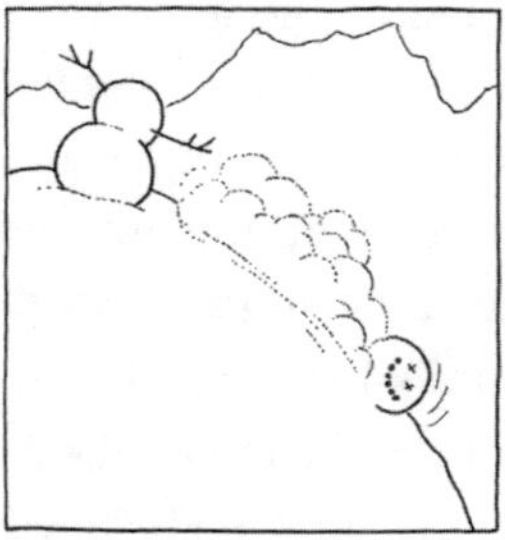

Einer der eindringlichsten Berichte eines selbst (üb)erlebten Lawinenunglücks stammt ausgerechnet vom Erfinder der alpinen Skilauftechnik: »Der sonnige Tag wurde finster. Ich blickte auf, und über mir senkte sich ein schwarzfleckiges Ungeheuer. Ich genoss eine rasche Beförderung in die Tiefe. Ich konnte alle anatomischen Veränderungen wahrnehmen, bis ich mir wie eine Jungfrau ohne Unterleib vorkam. Der Mund hatte einen Eisstopfen, die Augen waren wie ausgepresst. Meine Rippen knacksten wie ein verstimmtes Klavier, das Genick krachte, und ich dachte: Endlich ist es aus! Aber die Lawine spaltete sich in mehrere Teile und spuckte mich heraus.« Matthias Zdarsky, Mitbegründer des modernen Wintersports, kam im Winter 1916 zwar mit dem Leben davon, litt aber bis zu seinem Tod anno 1940 unter den 80 Knochenbrüchen, die er sich bei diesem Unglück zugezogen hatte. Dabei war er nicht einmal Opfer eigenen Leichtsinns geworden, sondern einer perfiden Kriegstechnik: Sowohl italienische wie auch österreichische Truppen feuerten während des Ersten Weltkriegs regelmäßig mit Kanonen und Minenwerfern in die Alpenhänge über den gegnerischen Soldaten, um auf diese Weise gezielt Lawinenabgänge auszulösen; Schätzungen zufolge starben dadurch bis Kriegsende 80.000 Menschen. Ohne Fremdeinwirkung waren militärische Verbände freilich schon Jahrhunderte zuvor durch Lawinen dezimiert worden: Als etwa Hannibal im Jahr 218 vor Christus mit 38.000 Mann, 8000 Reitern und 37 Elefanten die Alpen überquerte, soll er die Hälfte seiner Leute verloren haben. Ein zeitgenössischer Chronist hielt für die Nachwelt fest, wie »losgelöster Schnee« sie in den Abgrund gezogen habe, »und Schnee, der von den hohen Gipfeln stürzte, die lebende Mannschaft verschlang«.

Im Vergleich dazu wirken aktuelle Zahlen weit weniger dramatisch, aber angesichts von durchschnittlich rund 100 Lawinentoten pro Jahr im gesamten Alpenraum wird auch deutlich, dass selbst moderne Präventionstechniken nicht in der Lage sind, die Naturgewalt vollständig zu bannen. Im letzten großen »Lawinenwinter« des Jahres 1999 forderten die drei schlimmsten Niedergänge im französischen Chamonix zwölf, im schweizerischen Evolène ebenfalls zwölf und im österreichischen Galtür sogar 31 Todesopfer. Allein in der Schweiz waren 100.000 Touristen eingeschlossen, die Sachschäden beliefen sich auf mehr als 600 Millionen Franken. Damals hatten drei aufeinanderfolgende mehrtägige Nordwest-Staulagen zu lang anhaltenden intensiven Schneefällen geführt – innerhalb von knapp fünf Wochen fielen in großen Teilen des Alpenraumes mehr als fünf Meter Schnee, und es herrschte erstmals für mehrere Tage die höchste Gefahrenstufe der europäischen Lawinengefahrenskala. Viele sogenannte Lawinenverbauungen wie beispielsweise Schneenetze stießen an ihre Belastungsgrenze, dennoch sind es genau solche Schutzmaßnahmen, wie sie verstärkt nach dem verheerenden Lawinenwinter 1950/51 errichtet wurden, die verhinderten, dass 1999 nicht noch mehr Menschen starben. So wurden denn auch bis in die 50er-Jahre die meisten Lawinenopfer noch in ihren eigenen Häusern von den Schneemassen überrascht, während es heutzutage vor allem Skifahrer oder Snowboarder sind, die sich außerhalb der geschützten Zonen in Gefahr begeben haben.

Je nach Schnee- und Wetterlage können verschiedene Lawinentypen entstehen. So unterscheiden die Forscher zwischen Lawinen, die sich in trockenem Schnee bilden, und solchen, die man in nassem Pappschnee findet. Ist der Schnee trocken, sind wiederum zwei unterschiedliche Arten von Lawinen möglich. Zu Lockerschneelawinen kommt es beispielsweise, wenn Pulverschnee unter seinem eigenen Gewicht einen steilen Hang hinabrutscht. Diese Lawinen haben ihren Ursprung häufig in lediglich einem Punkt und breiten sich während des Abrutschens fächerförmig aus. Bei der anderen Form handelt es sich um Schneebrettlawinen. Deren Starrheit und Festigkeit sind, wie der Name bereits andeutet, mit denen eines Holzbretts vergleichbar – sie sind besonders gefürchtet, weil ein großes zusammenhängendes Schneevolumen als mehr oder weniger starre Einheit einen Hang hinabrast. Voraussetzung dafür ist, dass mehrere Lagen des ursprünglich pulverigen Trockenschnees zu einer Einheit zusammengefroren sind. Schon ein kleiner Riss genügt, damit sich eine derart verfestigte Schneemasse von ihrer Umgebung lösen und ins Rutschen kommen kann. Die Gefahr droht allerdings nicht an allen Hängen: Physiker haben gemessen, dass bei 28 Grad Neigung eine Grenze liegt.

Die für Alpinisten entscheidende Frage lautet natürlich: Wie vermeide ich es, in eine Lawine zu geraten? Eine auf diesem rutschigen Terrain wesentliche Handreichung stammt von Werner Munter, dem studierten Philosophen und beinahe schon legendären Lawinenkundler aus der Schweiz. In der Prä-Munter-Ära galt überwiegend die Lehrmeinung, Lawinenunfälle ließen sich durch das Erforschen der Schneedecke vermeiden: Man müsse nur genug über die Schneeauflage wissen, um Lawinen vorhersagen und ihnen ausweichen zu können. Aber je mehr die Schneekunde über die Verhältnisse in Lawinenhängen erfuhr, desto komplexer wurde die Aufgabe, zu einer gesicherten Vorhersage über die Tragfähigkeit eines Hangs zu kommen. Werner Munter dagegen verfolgte gewissermaßen einen ganzheitlichen Ansatz und bezog den Menschen in seine Analyse mit ein. Anstatt zu fragen: »Wann hält der Hang?«, heißt es bei ihm: »Wann verzichtet man aus Sicherheitsgründen darauf, einen Hang zu befahren?« Diese Art von Risikomanagement im Wintersport heißt bei Munter »Reduktionsmethode«, notwendig sind nur wenige Parameter. Ausgangspunkt für die Reduktionsmethode ist die Gefahrenstufe des Lawinenbulletins. Den drei Gefahrenstufen »gering«, »mäßig« und »erheblich« ordnet man bestimmte Zahlenwerte zu, die wiederum durch sogenannte Reduktionsfaktoren wie Steilheit und Exposition des Hangs dividiert werden. Eine daraus ableitbare Faustregel besagt: Bei Gefahrenstufe 2 (mäßig) sollten Hänge steiler als 39 Grad in allen Himmelsrichtungen gemieden werden. Bei Gefahrenstufe 3 (erheblich) sollte man sämtliche Hänge meiden, die steiler sind als 34 Grad. Und bei Gefahrenstufe 4 (groß) empfiehlt es sich, nur Hänge unter 30 Grad zu betreten oder zu befahren. Die meisten Lawinenunfälle passieren Munters Beobachtung zufolge bei einer Kombination, die er recht anschaulich als »todgeilen Dreier« bezeichnet: Gefahrenstufe 3 an einem nördlich gelegenen Hang mit mehr als 40 Grad Steigung.

Von diesem »todgeilen Dreier« ist es dann nicht mehr weit bis zur »goldenen Viertelstunde«. Gemeint sind jene 15 Minuten im Anschluss an ein Lawinenunglück, nach deren Ablauf die Chance auf Rettung dramatisch sinkt (vorausgesetzt, das Opfer ist überhaupt noch am Leben, weil es nicht gegen einen Fels oder einen Baum geschleudert wurde). Hauptproblem ist dann nicht die Kälte, sondern der Sauerstoffmangel durch Schnee im Mund und in den Atemwegen. Um Luft zu bekommen, solle man eine Mulde vor dem Gesicht formen, lautet die landläufige Empfehlung – wohlwissend, dass solche Regeln kaum noch befolgen kann, wer erst einmal vom weißen Riesen mit in die Tiefe gerissen wurde.

Gefahrenfaktor ☠☠☠☠☠☠☠☠☠☠
(bei Anwendung der Reduktionsmethode)

Lärm

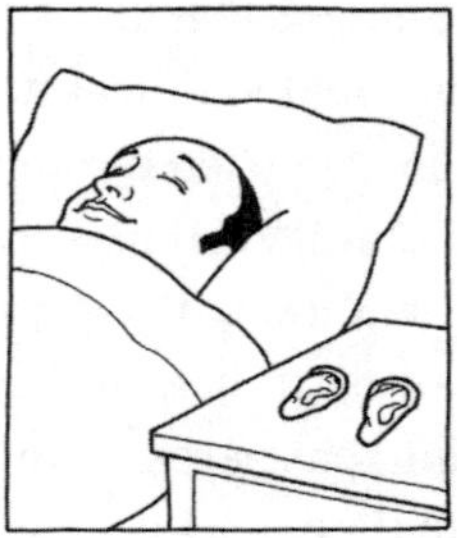

Elf Tage lang hielt sich Manuel Noriega in der vatikanischen Nuntiatur verbarrikadiert, bevor er sich schließlich am 3. Januar 1990 dem amerikanischen Militär ergab. Die Invasionstruppen hatten den in Ungnade gefallenen panamaischen Möchtegern-Caudillo mit einer Methode zermürbt, die damals noch einigermaßen ungewöhnlich erschien: Dauerbeschallung mit Rockmusik, darunter »Welcome to the Jungle« von Guns 'n' Roses sowie diverse Titel von einer ziemlich ramponierten Stones-Platte. Nun könnte man darüber spekulieren, ob Noriega womöglich schon nach einer Woche aufgegeben hätte, wäre er Opfer einer akustischen Attacke mit den Hits aus der volkstümlichen Hitparade gewesen. Aber ganz so witzig ist die Sache dann leider doch nicht, denn die amerikanischen Streitkräfte haben laute Musik später im Irak und in Afghanistan konsequent als Folter eingesetzt, um gefangene Terrorverdächtige etwa mit Metallica-Songs zu »kooperativem Verhalten« zu bewegen. Einer der »Befrager« schilderte das Vorgehen dem Magazin »Newsweek« wie folgt: »Glauben Sie mir, es funktioniert! Diese Leute haben noch nie Heavy Metal gehört, sie halten das nicht aus. Wenn du einem das 24 Stunden lang vorspielst, dann beginnen Körper und Gehirn zu versagen, deine Gedanken werden langsamer, und dein Wille ist gebrochen. Dann kommen wir rein und reden mit ihnen.« Das entspricht ziemlich genau dem, was die Wissenschaft über die Auswirkungen von Lärm auf den menschlichen Geist und Körper weiß, allerdings kommen noch etliche andere Folgen dazu.

Es wären also zunächst einmal und aus naheliegenden Gründen Schlafstörungen und Hörschäden wie Schwerhörigkeit oder Tinnitus erwähnenswert. Zwar gibt es einige wenige Hörforscher, die den Zusammenhang zwischen Lautstärke und Hörvermögen grundsätzlich in Abrede stellen, weil das menschliche Ohr in der Lage sei, sich den Dezibelstärken anzupassen. So berichtete vor einiger Zeit etwa der Gießener Professor Gerald Fleischer von einer Studienreise nach China, die ergeben habe, dass Menschen in völlig stillen Gegenden schlechter hören als in Ballungsräumen und dass es sich bei den am besten hörenden Chinesen ausgerechnet um Piloten besonders lauter Flugzeuge aus russischer Produktion handele. Aber wie erklärt sich dann beispielsweise die annähernde Taubheit des Heavy-Metal-Urgesteins Ozzy Osbourne, der jahrzehntelang die eigenen Sound-Gewitter auf der Bühne ertragen musste? Plausibler dürfte also die gängige Feststellung sein, wonach Lärm über eine gewisse Dauer und Intensität ganz sicher Hörschäden verursacht, es aber von jedem einzelnen Menschen abhängt, wann und wie gravierend sie eintreten. Jedenfalls ist laut Angaben der Berufsgenossenschaften Lärmschwerhörigkeit neben Hauterkrankungen die häufigste Berufskrankheit in Deutschland.

Noch bis in die jüngste Zeit umstritten war (und bleibt) die Frage, ob Lärm Ursache für in diesem Zusammenhang eher unerwartete Krankheiten sein könne und welche psychischen Folgen er haben kann. Eine schwedische Untersuchung ermittelte beispielsweise eine Verbesserung des Langzeitgedächtnisses von Schulkindern, die in der Einflugschneise des Münchener Flughafens Riem lebten, nachdem dieser geschlossen worden war. In Großbritannien wiederum wurde im Zuge einer umfangreichen Erhebung festgestellt, dass Schüler mit umso schlechteren Leistungen in den Fächern Mathematik und Lesen aufwarten, je näher sich ihr Elternhaus am Flughafen Heathrow befindet. Und in Japan zeigten sich bei Anwohnerinnen von Militärflughäfen über Jahrzehnte hinweg kürzere Schwangerschaftszeiten und niedrigere Geburtsgewichte der Babys als in ruhigeren Gegenden.

So weit, so schlecht – aber besonders unter Krach zu leiden hat offensichtlich das menschliche Herz. Einer Studie der Weltgesundheitsorganisation zufolge sind allein drei Prozent aller tödlichen Herzanfälle eine Folge von Verkehrslärm; die »Berliner Verkehrslärmstudie« legt den Verdacht nahe, dass ein Lautstärkepegel über 65 Dezibel tagsüber und 55 Dezibel nachts ein signifikant höheres Herzinfarktrisiko verursacht (ein Niveau, das in stark befahrenen städtischen Wohngegenden leicht erreicht werden kann). Die naheliegende Erklärung führt Stresshormone an, welche bei Lärmbelastung freigesetzt werden und Körperfunktionen wie Blutdruck, Herztätigkeit oder den Blutfluss beeinflussen. Dabei spielt jedoch nicht nur das Ausmaß des Lärms eine Rolle, sondern auch sein Charakter: Sogenannter Impulslärm, also wenn es stoßweise besonders laut wird wie etwa an der Startbahn eines Flughafens, wird im Vergleich zum konstanten Schallpegel beispielsweise einer Autobahn als störender wahrgenommen. Der Epidemiologe Eberhard Greiser hat jüngst in einer viel beachteten Untersuchung im Umfeld des Köln-Bonner Flughafens denn auch einen klaren Zusammenhang zwischen Lärmbelastung und Herz-Kreislauf-Erkrankungen festgestellt. Außerdem besteht für Frauen, die vor allem nächtlichem Fluglärm ausgesetzt sind, ein signifikant höheres Risiko, an einer Depression zu erkranken. Für Greiser ist es offensichtlich, dass Lärm als Gefahrenquelle bisher unterschätzt wurde, auch weil die Epidemiologie in Deutschland diesem Thema in den vergangenen Jahrzehnten kaum Beachtung geschenkt habe. Besonders irritierend ist vor diesem Hintergrund die Tatsache, dass der Mediziner nach der Auswertung der Krankenakten von mehr als einer Million Flughafenanliegern außerdem ein erhöhtes Brustkrebsrisiko aufgrund von Fluglärm für sehr wahrscheinlich hält. Was durchaus plausibel erscheint, weil Schlafentzug, Lärmstress und Stress das menschliche Immunsystem bekanntermaßen schwächen und so die Bildung bösartiger Tumore begünstigen können. Diesem Risiko sehen sich natürlich nicht nur Anrainer von Flughäfen ausgesetzt, sondern alle, die insbesondere nächtlichen Impulslärm über sich ergehen lassen müssen – wer in der Nähe einer viel frequentierten Güterbahnstrecke wohnt, weiß, wovon die Rede ist. Mag das wohl Grund dafür sein, warum das Eisenbahn-Bundesamt seit Jahren entsprechende Lärmdaten zurückhält?

Wie sehr und ob überhaupt laute Geräusche als störend wahrgenommen werden, das ist natürlich eine Frage der individuellen Empfindlichkeit – labile, neurotische oder ohnehin schon gestresste Menschen reagieren sensibler als Leute mit notorisch dickem Fell. Und wer sich grundsätzlich für die Fliegerei begeistern kann, ist Fluglärm gegenüber toleranter als ein ausgewiesener Technikfeind. Einer Untersuchung der Uni Magdeburg zufolge gilt ferner: Je besser jemand verdient und je höher sein Bildungsgrad, umso leichter fühlt er sich durch Lärm belästigt. Was aber nichts am Gefahrenpotenzial ändert, weil subjektives Wohlempfinden und objektives Wohlergehen bekanntlich in enger Verbindung miteinander stehen. Um einen in den Wahnsinn zu treiben, muss es allerdings nicht unbedingt besonders laut sein: Als Musikliebhaber verzweifelt man ja schon an der gedimmten Dauerbeschallung der meisten Restaurants mit dem Gedudel von der hauseigenen Endlos-CD.

Gefahrenfaktor

Medikamente

Krankheit ist ein Risiko, dem man sich besser nicht aussetzen sollte. Das liegt zunächst einmal an der Krankheit selbst, die in den seltensten Fällen ein Vergnügen ist, dafür aber tödlich enden kann. Nun sei der Tod zwar kein Beinbruch, sagt der Volksmund, aber die meisten Kranken ziehen doch eine Genesung vor anstatt Gevatter Sensenmann mit offenen Armen entgegenzulaufen. Und übersehen dabei regelmäßig, dass der sich gar nicht so leicht austricksen lässt, erst recht nicht mit Medikamenten. Der Tod lauert im Pillendöschen, könnte man sagen, und als seine willfährigen Helfer treten auf: Ärzte, Pfleger, Krankenschwestern oder Apotheker. Also Angehörige von Berufen, die eigentlich das Gegenteil von dem bewirken sollten, was geschieht, wenn unbedacht Arzneimittel verabreicht und die Patienten damit in äußerste Gefahr gebracht werden. Womit wir mitten in einem Thema wären, das erstaunlich wenig Beachtung findet angesichts der enormen Zahl an Menschen, die jedes Jahr der Fehlmedikation zum Opfer fallen. Die Fachwelt spricht dann etwas beschönigend von einem »unerwünschten Arzneimittelereignis«, welches die Weltgesundheitsorganisation wiederum als »schädliche und unbeabsichtigte Reaktionen« definiert, »die mit der Anwendung des Arzneimittels in Zusammenhang stehen«.

Dass das Problembewusstsein der Öffentlichkeit in Sachen Fehlmedikation nicht sonderlich ausgeprägt ist, liegt zunächst einmal daran, dass die wenigsten Fälle überhaupt ruchbar werden. Das funktioniert nämlich meistens folgendermaßen: Herr X, bei dem zu Recht eine schwere Herzinsuffizienz diagnostiziert worden war, ist zu Hause verstorben. Arzt Y, der ihm gegen dieses Leiden beispielsweise das Medikament Spironolacton verordnet hatte, kommt ans Totenbett und notiert als Todesursache Herzversagen. In Wahrheit ist Herr X jedoch an erhöhtem Kaliumspiegel (»Hyperkaliämie«) gestorben, verursacht durch die falsche Dosierung des Präparats. Nur wird das nie jemand herausfinden, weil natürlich keine Leichenschau stattfindet. Wozu auch, der Fall ist doch scheinbar völlig klar.

Studien gab es zwar immer wieder, aber so richtig valide Ergebnisse waren selten, weil es allzu oft an der Datenbasis und an der Methodik haperte: Welcher Arzt gibt beispielsweise in einer Befragung schon gerne zu, dass er sich während einer Therapie mit der Medikation vertan hat? So erschien 1998 eine Studie, die zumindest in Fachkreisen für einigen Wirbel sorgte, weil sie tödliche Fehlmedikation bei 0,19 Prozent aller stationär behandelten Patienten in amerikanischen Krankenhäusern ermittelt hatte. Das würde bei landesweit 33 Millionen Krankenhauspatienten im Jahr sage und schreibe 62.700 »unerwünschte Arzneimittelereignisse« mit Todesfolge bedeuten – wahrlich keine vernachlässigenswerte Zahl. Es sollte einige Jahre später aber noch dicker kommen. Und zwar im Rahmen eines groß angelegten Experiments in Norwegen, bei dem erstmals absolut solide und genau vorgegangen wurde: 24 Monate lang wurde an einem großen Allgemeinkrankenhaus bei fast allen Patienten einer internistischen Abteilung bereits bei der Aufnahme sowie bei den im Krankenhaus Verstorbenen Blutproben entnommen und auf Arzneimittelkonzentrationen hin untersucht. Außerdem wurde bei 78 Prozent der Toten eine Autopsie durchgeführt. Das einigermaßen erschütternde Ergebnis: Von den 732 während des Studienzeitraums verstorbenen Patienten erlitten 133 ein »unerwünschtes Arzneimittelereignis«, das in 64 Fällen als direkte und in 69 Fällen als indirekte Todesursache eingestuft wurde. Bei insgesamt 13.992 Patienten bedeutet das: Die Wahrscheinlichkeit, in der internistischen Abteilung des Krankenhauses an Fehlmedikation zu sterben, liegt bei knapp einem Prozent. Bezieht man diese Zahl auf Deutschland (was durchaus legitim ist, weil die Verhältnisse vergleichbar sind), kommt man auf 60.000 tödliche Fehlmedikationen im Jahr allein in den internistischen Krankenhausabteilungen mit ihren sechs Millionen Patienten. Zum Vergleich: Die Zahl der jährlichen Verkehrstoten beträgt rund 4500. Und zur Erinnerung: Weitere zehn Millionen Menschen werden jedes Jahr in nichtinternistische Abteilungen von Krankenhäusern eingewiesen, wo es möglicherweise nicht viel besser aussieht. Angesichts dieser Dimension läuft es einem kalt den Rücken hinunter, wenn man ein Spital nur von Ferne sieht. Der Hannoveraner Medizinprofessor und Pharmakologe Jürgen Frölich hält der Pharmaindustrie denn auch immer wieder vor, keine Verantwortung für ihre Produkte zu übernehmen, sobald sie erst mal zugelassen sind, und die Ärzte durch ungenaue Dosierungsanweisungen in die Irre zu führen. Die Ärzte wiederum, so Frölich, könnten vieles besser machen, indem sie beispielsweise erst einmal die Nierenfunktion eines Patienten überprüfen, bevor sie ihm ein in diesem Zusammenhang kritisches Medikament verordnen. Aber auch die Patienten selbst sind oft zu blauäugig und halten das Rezept ihres Herrn Doktor für eine Art Gesetzestafel, die nicht hinterfragt werden darf. Überhaupt seien die Menschen hierzulande weit weniger gut über ihre Arzneimittel informiert als etwa in den Vereinigten Staaten, sagt Frölich.

Natürlich lauert die Gefahr keineswegs nur im Krankenhaus. Einer Schätzung zufolge fordern allein frei verkäufliche Medikamente wie Aspirin und Ibuprofen jedes Jahr so viele Opfer wie der Straßenverkehr, weil die Präparate auf Dauer und in falscher Dosierung zu Magenblutungen führen. Und in Alten- oder Pflegeheimen dürften die Probleme mit der Fehlmedikation besonders virulent sein, weil die Bewohner körperlich ohnehin geschwächt sind und die Hälfte von ihnen regelmäßig mehr als sechs Medikamente verabreicht bekommt. Wie fachkundig das Personal dort mit Arzneimitteln umzugehen weiß, ist zudem sehr fraglich.

Was also tun? Einiges wäre wohl schon gewonnen, wenn Medizinstudenten mehr Kenntnisse in Pharmakologie vermittelt würden – derzeit werden diesem Thema lediglich 140 von insgesamt rund 5500 Lehrstunden gewidmet. Ein weiterer wichtiger Schritt wäre die landesweite Einrichtung von klinisch-pharmakologischen Expertenräten, die regelmäßig Empfehlungen in Sachen Medikation geben und an die sich Ärzte jederzeit wenden können, wenn sie Rat suchen. Frölich fordert außerdem Computersysteme zur Vermeidung von Medikationsfehlern, die Auskunft geben über die präzise Dosierung oder etwa die Wechselwirkung mit anderen Medikamenten. Der Wissenschaftler ist sich jedenfalls sicher, dass man in wenigen Dekaden mit einigem Grausen auf jene Zeiten zurückblicken wird, in denen jedes Jahr Abertausende von Menschen nicht an Krankheiten starben, sondern an den Folgen von deren Therapie.

Gefahrenfaktor ☠☠☠☠☠☠☠☠☠☠

Menschliches Versagen

Am 20. April 2010 ereignete sich auf der Ölbohrplattform »Deepwater Horizon« eine Explosion, bei der elf Menschen starben. Zwei Tage später versank die Plattform im Golf von Mexiko und verursachte eine verheerende Ölpest. Noch während täglich mehrere Hunderttausend Liter Rohöl völlig unkontrolliert ins Meer strömten, wurde vom amerikanischen Kongress ein Untersuchungsausschuss einberufen, bei dem die beteiligten Firmen Stellung dazu beziehen sollten, wer für das Desaster verantwortlich sei. Die Anhörung geriet zu einem Feuerwerk gegenseitiger Schuldzuweisungen: Der Plattform-Betreiber BP bezichtigte das Dienstleistungsunternehmen Transocean, ein riesiges Sicherheitsventil nicht rechtzeitig geschlossen zu haben. Transocean wiederum verwies auf den Ausrüster Halliburton, dessen Mitarbeiter einen Tag vor der Explosion mangelhafte Zementierarbeiten am Bohrloch durchgeführt hätten. Halliburton verteidigte sich, die Arbeiten seien nach den

Plänen von BP ausgeführt worden. Im Blickpunkt stand außerdem eine Firma namens Cameron, die das Absperrventil hergestellt hatte. Der Vorsitzende des Untersuchungsausschusses wies darauf hin, dass an dem Ventil unter anderem eine Batterie ausgefallen war und es ein Loch in der Hydraulik gegeben habe. Kurze Zeit später geriet die für die Aufsicht der Ölförderung verantwortliche Rohstoffbehörde MMS unter Druck: Sie habe ohne genaue Sicherheits- und Umweltprüfungen Bohrgenehmigungen erteilt, hieß es. Der öffentliche Unmut über dieses Geschachere wuchs von Tag zu Tag; schließlich trat der amerikanische Präsident höchstselbst vor die Mikrofone und forderte, damit müsse es nun ein Ende haben. Das allerdings wäre allenfalls als naiv zu bezeichnen, denn bei Ereignissen dieses Ausmaßes wird sich nie ein einziger Schuldiger ausfindig machen lassen – sosehr das Volk auch einen Sündenbock sehen will. Vielmehr sind solche Katastrophen fast immer einer Abfolge von Fehlleistungen auf den unterschiedlichsten Verantwortungsebenen geschuldet: Je komplexer ein System, desto geringer die Wahrscheinlichkeit, dass das Versagen eines einzigen Menschen auf direktem Weg in den Abgrund führt. Diese These hat sich bei praktisch sämtlichen technischen Großkatastrophen bewahrheitet, sei es der Tschernobyl-Gau, der Dammbruch von New Orleans nach dem Hurrikan Katrina, der Untergang der Ostseefähre Estonia, die Explosion der Weltraumfähre Challenger oder das Entgleisen des ICE »Wilhelm Conrad Röntgen« bei Eschede – um nur ein paar wenige prominente Beispiele zu nennen. Kein Wunder also, dass jeder der am Unglück Beteiligten darum bemüht ist, seinen Beitrag zur Katastrophe möglichst kleinzureden.

60 bis 80 Prozent aller technischen Katastrophen seien auf menschliches Versagen zurückzuführen, heißt es oft. Das ist insofern zu kurz gegriffen, als die Technik selbst natürlich auch Menschenwerk ist: »Technik ohne Menschen gibt es nicht, deshalb gibt es auch kein technisches Versagen ohne die direkte oder indirekte Einwirkung von Menschen«, schreibt der Bamberger Psychologieprofessor Harald Schaub sehr zutreffend. Daraus ergibt sich die Frage, wodurch menschliches Versagen begünstigt wird, beziehungsweise, wie sich der »Risikofaktor Mensch« beim Betrieb potenziell gefährlicher Technik so weit wie möglich minimieren lässt. Die plausibelste Antwort darauf lautet im weitesten Sinne: Indem schon bei der Entwicklung einer Maschine die notorische Insuffizienz des Homo sapiens Berücksichtigung findet. Gefordert ist damit also nicht die reine Ingenieurskunst, sondern zunächst einmal die Psychologie. In diesem Sinne analysiert auch Harald Schaub mehrere Versagensszenarien, die bei näherer Betrachtung typischen Handlungsmustern entsprechen.

Zum Beispiel das sogenannte »similarity matching«, wonach der Mensch dazu tendiert, an altbewährten Vorgehensweisen festzuhalten, auch wenn dies in einer neuen Situation völlig unangemessen ist. Am 4. Juni 1996 explodierte die europäische Trägerrakete »Ariane 5« auf ihrem Jungfernflug, weil ein bestimmter Teil des Navigationssystems von der Vorgängerrakete »Ariane 4« übernommen worden war. Das System hatte zwar im Zusammenspiel mit der alten Technik stets problemlos funktioniert, bei »Ariane 5« aber war die Beschleunigung wesentlich stärker – die Navigation versagte, es kam zu einer erheblichen Kursabweichung, die schließlich zur Selbstzerstörung der Rakete führte. Fazit laut Schaub: »Viele Fehler passieren nicht, weil die Handelnden zu wenig wissen, sondern weil ihnen ihr Wissen manchmal den Blick für das Wichtige und Neue verstellt.« Im weiteren Sinne könnte man auch von einer »Gefahr durch Routine« sprechen: Tatsächlich werden die meisten schweren Unfälle und Störfälle nicht von Anfängern verursacht, sondern während Routinearbeiten von Experten mit langer Berufserfahrung. »Offensichtlich fühlen sich diese Personen, gerade weil sie erfahren sind, zu sicher«, so Schaub.

Ein anderes Beispiel: Risikokompensation. Gemeint ist die Beobachtung, dass der Mensch dazu neigt, das Risiko zu erhöhen, wenn das Leben scheinbar sicherer wird. Als in den 80er-Jahren die Auswirkungen des Antiblockiersystems (ABS) bei Autos auf das Unfallgeschehen untersucht wurden, war das Resultat ernüchternd – die Zahl der Unfälle war nämlich trotz dieser technischen Innovation keineswegs zurückgegangen. Ganz einfach, weil viele Fahrer sich besonders sicher wähnten und Manöver riskierten, die sie ohne ABS wahrscheinlich hätten bleiben lassen. Ähnliches zeigte sich beim Vergleich der Unfallstatistiken zweier Bergwerke: In dem einen waren die Wege der Stollen gut ausgeleuchtet und asphaltiert, im anderen eher schlecht. Trotzdem ereigneten sich in dem schlechter ausgestatteten Bergwerk weniger Stolperunfälle: Die Kollegen dort wussten um die Gefahr und verhielten sich entsprechend vorsichtiger. So wird durch Maßnahmen, die die Sicherheit vergrößern sollen, zuweilen das Gegenteil erreicht.

Beispiel Nummer drei: Kompetenzbehauptung aus Profilierungsdrang. Am 8. Januar 1989 stürzte eine vollbesetzte Boeing 737 auf eine Autobahn im englischen Leicestershire. Zuvor war es zu starken Vibrationen eines Triebwerks gekommen, und wegen des Geruckels konnte der Pilot auf dem Bildschirmdisplay nicht erkennen, welches der beiden Triebwerke defekt war. Sein Kopilot, der im Logbuch von Beanstandungen des rechten Motors gelesen hatte (und sich mit diesem Wissen profilieren wollte), behauptete, dieses sei auch jetzt betroffen. Der Pilot schaltete es aus, obwohl in Wahrheit das linke Triebwerk kaputt war. Auch er wollte gegenüber seinem Kollegen durch beherztes Eingreifen als Herr der Lage erscheinen. Dieser Aktionismus im Cockpit kostete am Ende 47 Menschen das Leben.

Was lernen wir aus alledem? Der Psychologe Harald Schaub schlussfolgert: »Menschlichem Versagen muss begegnet werden, indem Technik so gestaltet wird, dass wesentliche menschliche Eigenheiten berücksichtigt werden. Technik muss sich an den Menschen anpassen, nicht umgekehrt.« Das klingt gut und vernünftig – und würde menschliches Versagen dennoch nicht aus der Welt schaffen. Denn wie heißt es so schön in Anlehnung an Murphys berühmtes Gesetz: Es ist unmöglich, etwas vollkommen sicher zu machen, denn Dummköpfe sind erfinderisch.

Gefahrenfaktor ☠☠☠☠☠☠☠☠☠☠

Meteoriten

Am frühen Nachmittag des 30. November 1954 lag die 31 Jahre alte Ann Elizabeth Hodges auf dem Sofa in ihrem Haus in Oak Grove, Alabama, und hielt Mittagsschlaf. Plötzlich vernahm sie einen lauten Knall und sprang erschrocken auf. Ihr erster Gedanke: Der Gasboiler müsse explodiert sein. Dann spürte sie einen heftigen Schmerz an der Schulter und am linken Arm, während gleichzeitig ihr Blick auf einen grapefruitgroßen Stein auf dem Fußboden fiel. Ein Arzt versorgte wenig später die lädierte Hausfrau, nachdem herbeigerufene Polizisten jenes mysteriöse Projektil, dem auch Teile des Hausdachs sowie ein Radiogerät zum Opfer gefallen waren, eingesammelt und zur weiteren Untersuchung mit aufs Revier genommen hatten. Später stellte sich heraus, dass es sich bei dem knapp vier Kilogramm schweren, dunklen Gesteinsbrocken um einen im Wesentlichen aus Silikat bestehenden Meteoriten handelte. Ann Elizabeth Hodges war damit der erste Mensch, der nachweislich durch einen auf die Erde gestürzten Himmelskörper verletzt worden war. Zwar gibt es immer wieder Leute, die behaupten, ihnen sei ein ähnliches Schicksal widerfahren – beweisen konnten sie es allesamt nicht. Und ob 1911 ein Hund in Ägypten oder 1972 eine Kuh in Venezuela tatsächlich von Meteoriten zermalmt wurden, ist jedenfalls sehr umstritten.

Wahrscheinlich hat die Menschheit bisher einfach nur ziemliches Glück gehabt – immerhin kam selbst die 1972 verstorbene Ann Hodges (deren Haus sich übrigens gegenüber einem Autokino namens »Comet« befand) mit dem Schrecken und ein paar Blutergüssen davon. In Anbetracht einer Anzahl von schätzungsweise 500 Mini-Einschlägen, die sich jedes Jahr auf der Erde ereignen, wird es nicht bis in alle Ewigkeit so glimpflich abgehen. Und wenn es mal ganz dicke vom Himmel kommt, ist sowieso alles zu spät – die Saurier durften vor etwa 65 Millionen Jahren diesbezüglich eine ungute Erfahrung machen, als ein Kawenzmann mit 10 bis 20 Kilometern Durchmesser in Yucatán niederging und eine Umweltkatastrophe endzeitlichen Ausmaßes auslöste, die etwa drei Viertel sämtlicher Lebewesen nicht überleben sollten, darunter eben die ohnehin etwas zu groß und unflexibel geratenen Dinos. Wohlgemerkt: Die Explosionskraft eines ein Kilometer großen Gesteinsbrockens wird bereits auf das Äquivalent von fünf Millionen Hiroshima-Atombomben geschätzt. Und es ist noch gar nicht so lange her, als im Juni 1908 ein Meteor einige Kilometer über sibirischem Boden explodierte und deswegen zwar keinen Krater hinterließ, aber dafür rund sechzig Millionen umgeknickte Bäume. Wenn so etwas über, sagen wir mal, New York passieren würde, hätte mit Sicherheit nicht nur das örtliche Grünflächenamt ein Problem.

Das alles klingt gar nicht so toll und erinnert irgendwie an den Witz mit der Wahrsagerin, die tief in ihre Glaskugel schaut und ihrem Kunden prophezeit: »Sie werden sterben! Ich kann nur nicht genau erkennen, wann.« Früher oder später wird es also wieder passieren; es sind einfach zu viele gefährliche Brocken im nahe gelegenen Weltraum unterwegs, als dass man tumb-romantisch bei einem Glas Wein in den Sommernachtshimmel starren könnte. Schätzungen zufolge gibt es rund 1000 Asteroiden (so heißen die Dinger, bevor sie in die Erdatmosphäre eintreten) von mehr als einem Kilometer Durchmesser, die die Bahn der Erde kreuzen und daher mit ihr zusammenstoßen könnten. Vor einigen Jahren trafen sich ausgerechnet im schwäbischen Nördlingen, wo vor 15 Millionen Jahren ein Riesenkrater durch Himmelskörpereinschlag entstanden war, 140 Meteoritenforscher aus aller Welt, um am Ende der Tagung ihre Mitmenschen durch folgende Nachricht zu irritieren: Ein Zehn-Kilometer-Komet mit dem harmlos bis albern klingenden Namen »Swift-Tuttle« habe sich angeschickt, demnächst mit der Erde zu kollidieren, und zwar genau am 14. August 2116, einem Freitag.

Inzwischen wurde diese düstere Prognose wieder etwas relativiert, Entwarnung kann deswegen natürlich trotzdem keine gegeben werden. Aus diesem Grund befassen sich diverse Forschungseinrichtungen wie etwa das European Space Operations Centre in Darmstadt seit Jahren mit dem Worst-Case-Szenario und entwickeln unermüdlich Strategien, wie eine große Kollision notfalls verhindert werden könnte. In der näheren Auswahl stehen etwa das Erhitzen eines Asteroiden mittels Spiegeln von einem Raumschiff aus, um damit dessen Umlaufbahn zu ändern. Oder tatsächlich die Vernichtung des unerwünschten Flugobjekts mithilfe einer Atombombe, wie es Bruce Willis so heldenhaft in dem Film »Armageddon« vorführte. Allerdings hatten Willis und seine Truppe auf der Leinwand 18 Tage Zeit, um diese Aktion vorzubereiten. Als Astronomen dagegen im Oktober 2008 einen auf Erdkurs befindlichen Kleinasteroiden entdeckten, konnten sie zwar präzise vorhersagen, dass er über dem Sudan in die Erdatmosphäre eintreten würde. Allerdings wären nur 19 Stunden geblieben, um irgendetwas dagegen auszurichten. Und so kurzfristig wäre wahrscheinlich kein amerikanischer Actionheld verfügbar gewesen.

Gefahrenfaktor

Pandemien

Nach der Seuche ist vor der Seuche, und irgendwas ist immer: Der Begriff »Pandemie« gehört mittlerweile zum Wortschatz der Globalisierung. »Wenn Amerika hustet, bekommt Europa die Grippe«, lautet eine alte Börsenregel, die sich ohne viel Mühe auf das Gebiet der Epidemiologie übertragen ließe. Die Schauplätze sind je nach Bedarf austauschbar: Im Frühjahr 2009 war es Mexiko, wo das große Husten seinen Anfang nahm; sechs Monate später stand Deutschland, so mochte man meinen, vor der größten seuchenpolitischen Herausforderung seiner jüngeren Geschichte. In einer Mitteilung der Niedersächsischen Gesellschaft für Impfwesen und Infektionsschutz wurde gewarnt, die Schweinegrippe könne sogar bei einem milden Verlauf allein in der Bundesrepublik bis zu 35.000 Todesopfer fordern. Dass es schließlich anders kam (das Robert-Koch-Institut nennt die Zahl von rund 250 Todesfällen, die in Zusammenhang mit dem H1N1-Erreger gemeldet wurden), heißt nicht, dass in Wahrheit kaum eine Gefahr bestand. Es zeigt aber, wie die Tatsache einer weltweiten und wellenartigen Verbreitung von Krankheiten zu Panik führen kann. Die Vernunft bleibt dabei regelmäßig auf der Strecke, obwohl sie gerade in solchen Fällen ganz besonders gefordert wäre. Ähnlich verhielt es sich mit der Vogelgrippe, dem Rinderwahnsinn oder der Lungenkrankheit Sars. Vielleicht ist das sogar ein kultureller Fortschritt, denn im Mittelalter versetzten Gerüchte über die herannahende Pest die Bevölkerung nicht nur in Angst und Schrecken, sondern oft auch in eine regelrechte Pogromstimmung, die sich gegen die üblichen Verdächtigen richtete; zuvorderst also gegen die Juden.

Im Unterschied zur örtlich begrenzten Epidemie bezeichnet Pandemie eine Erkrankungswelle, die mehrere Kontinente, schlimmstenfalls die ganze Erde betrifft. Schon deshalb läuft es den Menschen kalt den Rücken hinunter, wenn das P-Wort fällt: Jeden kann es treffen. Bei genauerer Betrachtung sollte sich der Gruseleffekt freilich relativieren, denn »Pandemie« sagt nichts über die Schwere der Erkrankung. Schnupfen hat auch pandemischen Charakter, sorgt aber nicht für weltweite Unruhe. Gleichzeitig handelt es sich bei der Geißel Malaria streng genommen um keine Pandemie, weil sie in nördlichen Gefilden nicht vorkommt. Außerdem muss sich eine Krankheit vor Ort weiterverbreiten, um als pandemisch zu gelten, weshalb Sars zumindest einen Grenzfall darstellt: In Deutschland waren im Jahr 2003 neun Personen von der Lungenkrankheit betroffen, aber allesamt hatten sich im Ausland infiziert und den Erreger zu Hause nicht weitergegeben. Das mag nach akademischer Haarspalterei klingen, dient aber zumindest der Begriffsklärung.

Uns interessiert vor allem die Frage nach der strukturellen Gefahr durch Pandemien, verbunden mit einem Ausblick in die Zukunft. Fasst man die wichtigsten Faktoren zusammen, entsteht ein ziemlich diffuses Bild, abhängig auch von unterschiedlichen Lehrmeinungen. Hilfreich ist zunächst noch mal ein Rückblick auf die Schweinegrippewelle des Jahres 2009 mit weltweit mindestens 18.000 Todesfällen. Besonders in Deutschland entstand während dieser Zeit – teilweise zu Recht – der Eindruck, die zuständigen Behörden und Gesundheitsdienste seien mit der Situation überfordert, allenthalben war von »Impf-Chaos« die Rede. Dass bei dräuender Gefahr auch die schrillsten Warnungen Gehör und Verbreitung in den Medien finden, lässt sich nie vermeiden. Erschwerend kam in diesem Fall aber hinzu, dass die einzelnen Bundesländer jeweils unterschiedliche Pandemiepläne hatten und deshalb in Schleswig-Holstein offizielle Schutzimpfungen etliche Wochen früher möglich waren als beispielsweise in Nordrhein-Westfalen. Außerdem waren unterschiedliche Impfstoffe bevorratet worden: Der Großteil enthielt umstrittene Wirkungsverstärker (sogenannte Adjuvanzien), andere dagegen nicht (und zwar ausgerechnet die für Bundeswehr und einige Bundesbehörden vorgesehenen Vakzine). Entsprechend groß war die Verunsicherung, es schlug die Stunde der wahnhaften Impfgegner, die Impfquote blieb gering. Das ist alles sehr unerfreulich, schmälert aber nicht den Erfolg globaler Frühwarnsysteme: Die Weltgesundheitsorganisation hat im April 2009 wegen der Schweinegrippe ohne zu zögern ihre Pandemie-Warnstufen erhöht und die Länder aufgefordert, Notfallpläne zu aktivieren. Wenn die Bundesrepublik besser darauf reagiert hätte, wäre auch hierzulande deutlich geworden, dass weltweite Seuchenüberwachungsmechanismen ein effizientes Mittel zur Eindämmung von Pandemien sind.

Ein zweiter, besonders häufig erwähnter Aspekt ist die Ausbreitungsgeschwindigkeit von Pandemien. Jedes Jahr besteigen Hunderte Millionen Passagiere ein Flugzeug, Tendenz insgesamt weiter steigend, und transportieren somit auch Krankheitserreger binnen Stunden um den ganzen Erdball. Der Gedanke liegt nahe, daraus bedrückende Schlussfolgerungen zu ziehen. Dr. Gérard Krause, Leiter der Abteilung Infektionsepidemiologie am Berliner Robert-Koch-Institut, sieht das nicht ganz so dramatisch. Er gibt zu bedenken, dass die modernen Transportmittel insgesamt deutlich hygienischer seien als früher – was die Verbreitung von Krankheiten durch wachsende Mobilität sogar überkompensieren könnte. Wer ständig in Kontakt mit Tieren ist oder gar mit seinen Hühnern unter einem Dach lebt, dürfte sich einem größeren Ansteckungsrisiko ausgesetzt sehen als jede Stewardess.

Punkt drei: die Entwicklung von Impfstoffen gegen globale Krankheiten. Da kann man nur feststellen: Licht und Schatten. Ein Impfstoff gegen die (neue) Schweinegrippe konnte nur deshalb so schnell produziert werden, weil die Wissenschaft über reichhaltige Erfahrung bei der Bekämpfung von Influenzaviren verfügt. Gegen Tuberkulose dagegen existiert immer noch kein probater Schutz mittels Vakzinen, ganz zu schweigen von HIV. Besondere Gefahr sieht die Weltgesundheitsorganisation in Infektionskrankheiten, die durch neue, unbekannte Erreger hervorgerufen werden. Allein in den vergangenen 50 Jahren wurden mehr als 40 neue Krankheitskeime ausfindig gemacht, darunter echte Killer wie Ebola- und Marburg-Virus. Neue werden hinzukommen, und aller Erfahrung nach besteht nur sehr wenig Hoffnung darauf, schon bald einen Impfstoff gegen sie zu haben. Organisationen wie die Global Viral Forecasting Initiative sehen in der frühzeitigen Identifikation gefährlicher neuer Mikroorganismen deshalb sogar eine der wichtigsten Strategien gegen künftige Seuchen; der Erfolg hält sich bisher in Grenzen. Zu allem Elend werden durch die großzügige Verabreichung von Antibiotika auch noch immer mehr resistente Erreger herangezüchtet, gegen die es schließlich kein wirksames Mittel mehr gibt; ein großes Problem sind beispielsweise multiresistente Tuberkulosebakterien. Was eines nicht vergessen machen sollte: Die Wahrscheinlichkeit, in Deutschland einer pandemischen Infektionskrankheit zu erliegen, ist heutzutage wegen der enormen medizinischen Fortschritte und aufgrund besserer Hygiene so gering wie nie zuvor. Noch zwischen den Jahren 1918 und 1920 fielen allein im Deutschen Reich schätzungsweise 300.000 Menschen der Spanischen Grippe zum Opfer, gegen die es keinen Impfstoff gab. Ihren Ursprung hatte sie übrigens nicht in Spanien, sondern im Mittleren Westen der

Vereinigten Staaten. Wie gesagt: Wenn Amerika hustet, bekommt Europa die Grippe. Nur müssen wir heute nicht mehr daran sterben.

Gefahrenfaktor ☠☠☠☠☠☠☠☠☠☠

Pestizide

Als das erste Gas ausströmte, reagierte die Nachtschicht mit Gelächter. Jemand habe wohl zu viel Mückenspray versprüht, scherzte der Sicherheitschef der Chemiefabrik und goss sich eine neue Tasse Tee ein. Es war Mitternacht in Bhopal. Zwei Stunden später fielen die Vögel wie Steine von den Bäumen, die Kühe verdrehten ihre aufgequollenen Augen und sackten in sich zusammen. Am Morgen des 3. Dezember 1984 war die zentralindische Metropole mit fast 4000 Leichen übersät. Augenzeugen berichteten von gewundenen Körpern mit entstellten Gesichtszügen; nie zuvor waren mehr Menschen durch einen Industrieunfall gestorben. Dabei zeigte sich das wahre Ausmaß der Tragödie erst viel später. Die beiden Buchautoren Dominique Lapierre und Javier Moro schätzten die Gesamtzahl der Todesopfer auf 16.000 bis 30.000. Tausende Bhopaler leiden noch heute an schweren chronischen Spätfolgen – ihnen sollte besser niemand erzählen, Pestizide seien harmlos. Seit 1977 hatte der amerikanische Chemiekonzern Union Carbide in Bhopal nämlich das Schädlingsbekämpfungsmittel »Sevin« produziert, zu Beginn der 80er-Jahre jedoch ging es mit der Nachfrage bergab. Als Folge wurde ein rigoroses Sparprogramm durchgesetzt: In kurzer Zeit reduzierte die neue Werksleitung das Personal von fast 1000 Mitarbeitern auf 642. In der besonders sensiblen Methylisocynat-Produktionseinheit wurde die Belegschaft sogar halbiert. Ungelernte Arbeiter übernahmen die Positionen von Fachkräften, selbst in Schlüsselfunktionen waren nun Männer beschäftigt, die die englischsprachigen Betriebsanweisungen nicht verstanden. Die Wartungen wurden seltener, Verschleißteile nicht mehr alle sechs Monate, sondern nur noch einmal im Jahr ausgewechselt, Edelstahlrohre durch solche aus minderwertigem Material ersetzt, Lecks viel zu spät geflickt. Vor allem aber fuhren die beiden indischen Chefs die aufwendigen Alarm- und Schutzsysteme herunter – um ein paar Rupien an der Elektrizität und an Kühlstoffen zu sparen. Wovon also ging die eigentliche Gefahr aus? Von den Pestiziden? Von der unglaublichen Schlamperei? Oder vom Ökonomismus eines Konzerns, der sich bis heute um seine Verantwortung drückt?

Wer sich hierzulande um Pestizide Gedanken macht, der dürfte dies allerdings kaum im Hinblick auf die Produktionsbedingungen tun, sondern meist aus Angst vor Rückständen in Lebensmitteln. Die Sensibilität ist groß, nicht zuletzt, weil in den Medien immer mal wieder von belastetem Obst und Gemüse die Rede ist – türkische Trauben und spanische Paprika sind gewissermaßen die üblichen Verdächtigen. Und weil die vermeintliche Gefahr für den Verbraucher unsichtbar bleibt, wirkt sie umso bedrohlicher. Dazu eine überaus bedenkenswerte Anmerkung des erfahrenen Naturheilkundlers Fritz Friedl: »Immer wieder stelle ich fest, wie verunsichert viele Menschen sind. Sie wissen einfach nicht mehr, was sie guten Gewissens essen können und was nicht. Der Grad der Verunsicherung hat bei vielen Europäern mittlerweile zu einer manifesten Angst vor Essen geführt. Wie soll aber jemand aus seiner Nahrung konstruktive Kraft schöpfen, der sich vor ihren Bestandteilen fürchtet und der die Gefahren zählt, die er aufnimmt.«

Zugegeben, die Situation ist ein bisschen unübersichtlich, nicht zuletzt, weil über die Pestizid-Problematik ideologische Grabenkämpfe ausgetragen werden mit Umweltaktivisten auf der einen und Öko-Gegnern auf der anderen Seite. Tatsächlich herrscht nicht eitel Sonnenschein, eine schleichende Vergiftung braucht aber auch nicht zu fürchten, wer beispielsweise grundsätzlich beim Discounter einkauft. Wenn der Finanzsektor derart kontrolliert gewesen wäre wie die Lebensmittelbranche, hätte es mit Sicherheit keine Weltwirtschaftskrise gegeben. Eine der wichtigsten Kontrollinstanzen ist die Europäische Schnellwarnbehörde RASFF (Rapid Alert System for Food and Feed). Ihre Statistik wirkt auf den ersten Blick zwar beängstigend, weil sich die Zahl der Verstöße seit 1999 innerhalb von nur sieben Jahren verzehnfacht hat. Das aber lag nicht nur an einer vergrößerten EU, sondern auch an den verbesserten Untersuchungsmethoden. Ohnehin ist nicht alles Teufelswerk, was auf EU-Ebene geschieht: Zwar hat die europaweite Angleichung der

Grenzwerte für Pestizide in Lebensmitteln dafür gesorgt, dass die erlaubten Gehalte in Deutschland teilweise gestiegen sind. Allerdings werden im Zuge neuer Pestizid-Richtlinien die umstrittensten Substanzen innerhalb der nächsten Jahre vom Markt verschwinden. Natürlich lässt sich immer daran zweifeln, ob dieser oder jener Grenzwert nicht zu hoch angesetzt ist oder ob manche chemische Keule nicht auch verboten gehört. »Aber die Grenzwerte sind das Ergebnis einer validierten toxikologischen Bewertung«, sagt Ulrich Nöhle, Professor für Lebensmittelchemie an der Technischen Universität Braunschweig. »Man könnte natürlich theoretisch alle Grenzwerte aus prinzipiellen Gründen des vorbeugenden Gesundheitsschutzes reduzieren, aber das Ganze muss ja auch noch anwendbar und realistisch sein, denn Pflanzenschutzmittel werden bekanntlich verwendet, um die Lebensmittelproduktion zu optimieren – und dass wir hier genug zu essen haben, hat einen einfachen Grund.« Überdies hält Nöhle die Arbeit der Lebensmittelüberwachung in Deutschland für zielgerichtet und effizient, allerdings sei »eine Verstärkung der Kontrollen an den EU-Außengrenzen mit zunehmender Globalisierung des Lebensmittelhandels wünschenswert, notwendig und wird bereits umgesetzt, damit eventuell bedenkliche Lebensmittel aus Drittländern erst gar nicht unsere Regale erreichen«.

Natürlich werden genau solche bedenklichen Lebensmittel immer mal wieder eben doch unsere Regalen erreichen – auch wenn eine zunehmend wichtige Food-Exportnation wie China inzwischen große Anstrengungen unternimmt, um von ihrem

Pestizid-Image loszukommen. Bleibt folglich der Griff zu Bio-Lebensmitteln als mögliche Risikovermeidungsstrategie. Der richtige Weg? Was Pestizid-Rückstände angeht, ist die Sache jedenfalls klar: Obst und Gemüse aus Bio-Anbau ist deutlich weniger belastet. Maria Roth etwa, die Leiterin des Chemischen und Veterinäruntersuchungsamts (CVUA) in Stuttgart, wo seit vielen Jahren Bio-Produkte untersucht werden, stellt in aller Deutlichkeit fest: »Man kann tatsächlich sagen, dass Bio besser ist.« Die Pestizid-Belastung bei konventionellem Obst und Gemüse ist nach den Messungen des CVUA »signifikant« höher als bei biologisch erzeugter Ware oder, in Zahlen ausgedrückt: Konventionelles Obst und Gemüse enthält im Mittel 0,4 mg Pestizide pro Kilogramm, biologisch erzeugtes dagegen nur 0,002 mg. »Die von verschiedenen Seiten immer wieder vertretene Auffassung, dass sich Lebensmittel aus ökologischem Landbau und aus konventioneller Produktion wegen der allgemeinen Umweltkontamination und aufgrund von Abdrift kaum unterscheiden, ist zumindest für den Bereich Pestizid-Rückstände in pflanzlichen Lebensmitteln nicht zutreffend«, so der offizielle Befund des CVUA, das als staatliche Einrichtung nicht im Verdacht steht, Lobbyismus für die Öko-Industrie zu betreiben. Deswegen weist Untersuchungsamtsleiterin Roth auch sehr deutlich darauf hin, dass konventionelle Ware trotz höherer Werte keine Gesundheitsgefahr darstellt. Es sei denn, man verliert deswegen dennoch die Lust aufs Essen.

Gefahrenfaktor ☠☠☠☠☠☠☠☠☠☠

Pilze

Pilze sind eine Welt für sich: weder Tier noch Pflanze, sondern irgendwas dazwischen. Sie haben lustige Namen, etwa »Rotfleckender Kieferritterling«, »Lila Dickfuß« oder »Kahler Krempling«, was ihnen ein bisschen die Aura des Sagenhaften verleiht. Pilze können Delikatessen sein (gebratener Kräutersaitling) oder das Gegenteil (Champignons aus der Dose). Pilze können Leben retten, wenn sie, wie der namensgebende Schimmelpilz, Penicillin produzieren. Oder als Mordwerkzeuge dienen wie im Fall des römischen Kaisers Claudius, der im Jahr 54 nach Christus von seiner Frau Agrippina mutmaßlich mit einem Pilzgericht vergiftet wurde. An Pilzen kann man sich berauschen, sowohl im übertragenen Sinn als Gorgonzola- oder Roquefort-Liebhaber. Wie auch buchstäblich: Vor vielen Jahren verbrachten der Autor und der Illustrator dieses Buches gemeinsam ein denkwürdiges Wochenende in Amsterdam, wo sie nach dem Verzehr mehrerer Magic Mushrooms erstaunliche Veränderungen in der Beschaffenheit des Hotelzimmers festzustellen glaubten. Pilze muss man loben wie der große Pilz-Poet Günter Grass. Und man muss leider auch vor manchen von ihnen warnen, was wir nur ungern tun, jedoch hier wohl nicht umhinkommen.

Viele denken, wenn im Zusammenhang mit Pilzen das Wort »Gefahr« auftaucht, erst mal an eine Verwechslung. Und zwar an jene von Speise- mit Giftpilzen. Die meisten Fehlgriffe in heimischen Wäldern gelten dem Grünen Knollenblätterpilz, der blöderweise erstens eine gewisse Ähnlichkeit mit Champignons und Feldegerlingen aufweist und zweitens zu der in unseren Breitengraden mit Abstand gefährlichsten Pilzvergiftung führt: 95 Prozent aller tödlichen Verläufe gehen auf das Konto des Grünen Knollenblätterpilzes, dessen Eiweiße Leber und Niere zerstören. Nach sechs bis zwölf Stunden kommt es zu cholera-artigem Durchfall und Erbrechen, eine sofortige medizinische Behandlung ist unbedingt erforderlich. Falls sie ausbleibt, war die Henkersmahlzeit immerhin gar nicht mal so schlecht: Überlebende berichten, der Grüne Knollenblätterpilz schmecke vorzüglich. Besonders hinterhältig sind langsam wirkende Pilze wie der Orangefuchsige Raukopf, einer der giftigsten in ganz Europa und dem Pfifferling nicht ganz unähnlich, denn in diesem Fall treten Übelkeit und Erbrechen als mögliche Vorboten des Todes erst nach mehreren Tagen bis zu zwei Wochen auf. In den 50er-Jahren starben in Polen 19 Menschen am Verzehr dieses fiesen Laubwaldbewohners, bevor die wahre Ursache entdeckt wurde. Aber auch beliebte Speisepilze können ihre böse Seite zeigen, wenn man sie denn zu lange warten lässt:

Pfifferlinge zum Beispiel gammeln besonders schnell und bringen sich dann durch starke Magen-Darm-Beschwerden in ungute Erinnerung. Die Geschichte, von wegen Pilze dürfe man nicht aufwärmen, ist allerdings eine Legende.

So viel zur Folklore. Wesentlich problematischer ist die Situation bei den sogenannten Mykotoxinen. Es handelt sich um Stoffwechselprodukte von Schimmelpilzen, die mit der Luft eingeatmet werden oder über verunreinigte Nahrungsmittel in den menschlichen Körper gelangen – beides natürlich unbemerkt. Das Tückische an den Mykotoxinen besteht darin, dass sie nur selten akute Beschwerden hervorrufen, sondern meist über Jahrzehnte wirken, und zwar mit verheerender Wirkung. Besonders gefährlich ist das von einem Schimmelpilz namens Aspergillus flavus produzierte Aflatoxin: Schon kleine Mengen dieses Gifts können, über einen längeren Zeitraum hinweg aufgenommen, Leberkrebs verursachen. Aflatoxin der Variante B1 gilt sogar als das stärkste Kanzerogen natürlichen Ursprungs überhaupt, mögliche Folgen einer Aflatoxin-Vergiftung sind außerdem Nieren- und Lungenschäden sowie Entwicklungsstörungen bei Neugeborenen. Relativ oft betroffen von Aflatoxin-Befall sind Lebensmittel aus tropischen Ländern, die mit ihrem feuchtwarmen Klima geradezu ideale Lebensbedingungen für den Schimmelpilz bieten; vor allem Nüsse stehen im Fokus der Aufmerksamkeit. 1998 wurde in der gesamten EU ein Einfuhrverbot für belastete Pistazien aus Iran verhängt, aber auch in brasilianischen Paranüssen, Erdnüssen aus China oder kalifornischen Mandeln wurde das Schimmelpilzgift schön öfter nachgewiesen. Allerdings muss man den Lebensmittelkontrollen zugute halten, dass sie ziemlich sorgfältige Arbeit leisten und das Risiko so gering wie möglich halten. Sämtliche Importwaren, die grundsätzlich im Verdacht stehen, mit Aflatoxin verseucht zu sein, werden rigoros untersucht – und zwar jede einzelne Charge mit bis zu 300 Proben.

Wenn sich Schimmelpilze aber in den eigenen vier Wänden ausbreiten, sind die Gesundheitsbehörden machtlos: »Wir können bei den Verbrauchern ja nicht in die Vorratskammern und Kühlschränke schauen«, sagt Dr. Horst Klaffke vom Berliner Bundesinstitut für Risikobewertung, der sich schwerpunktmäßig mit Mykotoxinen befasst. Im Kühlschrank, der bekanntlich ein regelrechter Tummelplatz für Kleinstlebewesen ist, entsteht von sich aus zwar kein Aflatoxin – wohl aber können Schimmelpilze gedeihen, die andere Gifte produzieren. Erwähnt werden müssen insbesondere Ochratoxine, die von Schimmelpilzen in Produkten wie Wein, Kaffee, Rosinen oder Käse stammen. Sie sind zwar nicht so gefährlich wie die Aflatoxine, stehen aber immerhin im dringenden Verdacht, ebenfalls Krebs auszulösen. Horst Klaffke rät deshalb dringend dazu, schon bei den kleinsten Anzeichen von Schimmelbefall das ganze Produkt wegzuwerfen, also nicht nur die erkennbar betroffene Stelle abzuschneiden. Denn mit Schimmel sei das wie beim Eisberg: ein Drittel sieht man, zwei Drittel sind unsichtbar. Und im Gegensatz zu Salmonellen lässt sich Schimmelpilzen auch nicht durch Erhitzen der Garaus machen: Viele sind bis zu rund 300 Grad temperaturstabil.

Geradezu eine Obsession ist Schimmel in den Vereinigten Staaten; dort sorgt man sich allerdings weniger um Lebensmittel, sondern gleich um das gesamte Haus. »Toxic mold« heißt das Schlagwort, das nicht erst für kollektive Gänsehaut sorgt, seit einer Texanerin im Jahr 2001 erstinstanzlich 32 Millionen Dollar Schadensersatz zugesprochen wurden. Ihr Haus war hochgradig vom Schimmelpilz befallen, sie und ihre Familie durchlitten deshalb angeblich ein wahres Martyrium, husteten Blut, litten unter Gedächtnisverlust. Freilich sind die Vereinigten Staaten schon wegen der klimatischen Verhältnisse schimmelmäßig schlechter dran als Deutschland, aber auch bei uns sind solche Probleme bekannt – in Gebäuden besonders durch Schimmelpilze der Spezies Stachybotrys Chartarum, die Asthma, Husten und Allergien auslösen können. Wer sichergehen will, sollte eine Schimmelpilzsporenmessung durchführen lassen oder einen Schimmel-Spürhund durch die Wohnung schicken. Wie viele Pilzsporen durch die Luft fliegen, hängt allerdings von vielen Faktoren ab, und nicht jede feuchte Stelle im Haus macht einen unweigerlich krank. Wer einen Abriss erwägt, sollte es vorher vielleicht erst mal mit Lüften probieren.

Gefahrenfaktor

Rauchen

Im Jahr 1922 brachte der amerikanische Konzern Marlowe & William ein neues Produkt zum Süßen von Getränken auf den Markt: »Sugafix«. Die Kundschaft reagierte begeistert, denn Sugafix war nicht nur frei von Kalorien, es dämpfte angeblich sogar ein bisschen das Hungergefühl und besaß eine leicht entspannende Wirkung. Besonders bei Stress griffen viele Leute gern nach einem Glas Wasser mit Sugafix, viele konnten gar nicht mehr davon lassen. Das Süßungsmittel entwickelte sich schnell in fast allen Ländern der Welt zum Renner, Marlowe & William verdiente Milliarden. Irgendwann kam allerdings der böse Verdacht auf, Sugafix mache abhängig und sei noch dazu krebserregend. Die Hersteller investierten Millionen in Imagekampagnen, die das Gerücht widerlegen sollten. Es dauerte freilich nicht mehr lange, da war wissenschaftlich erwiesen: Sugafix ist nicht nur hochgradig kanzerogen, es verursacht auch noch Herz-Kreislauf-Krankheiten und schädigt das Ungeborene im Mutterleib. Durch aufsteigende Dämpfe sind sogar Menschen betroffen, die selbst gar kein Sugafix konsumieren.

Inzwischen ist klar, dass im 20. Jahrhundert mehr als 100 Millionen Menschen an den Folgen dieses Sugafix-Wahns gestorben sind – das entspricht ungefähr doppelt so vielen Opfern, wie sie der Zweite Weltkrieg gefordert hat. Die Weltgesundheitsorganisation meldet alarmiert: »Sugafix entwickelt sich zu einer der größten Gesundheitskatastrophen der Menschheitsgeschichte«, die Auswirkungen seien verheerender als bei Tuberkulose, Aids und Malaria zusammen. Zum Glück haben viele Staaten inzwischen reagiert; zu einem Sugafix-Verbot konnte man sich zwar fast nirgendwo durchringen, aber in etlichen Ländern muss inzwischen ein Warnhinweis auf der Verpackung stehen: »Sugafix kann ihre Gesundheit gefährden«. Einzig das im Himalaja gelegene Königreich Bhutan führte am 17. Dezember 2004 ein landesweit gültiges Sugafix-Verbot in der Öffentlichkeit ein. Das klingt völlig irre und entspricht dennoch der Realität. Natürlich nicht bei Süßstoff, sondern bei Zigaretten.

Würden wir Gefahren mit Gebäuden vergleichen, stünde für einen durchschnittlichen Tabakkonsumenten das Rauchen im persönlichen Bedrohungsumfeld herum wie das Empire State Building in einem lauschigen Fischerdörfchen. Aus der Bautätigkeit aber wissen wir ja: Was erst mal steht, das wird so schnell nicht abgerissen – und mag es die Umgebung noch so verschandeln. Mit der Zeit haben wir uns im Fischerdorf an den Anblick des Hochhauses gewöhnt und regen uns lieber darüber auf, wenn der Nachbar eine Gartenlaube errichtet. Wahnsinn.

Tabakrauch besteht aus einem Gemisch von mehr als 4000 Substanzen, darunter viele giftige und über 40, die Krebs auslösen. Rauchen schädigt nahezu jedes menschliche Organ, deswegen ist die Liste der typischen Raucherkrankheiten auch so lang: Sie reicht von Lungenkrebs, Kehlkopfkrebs, Leukämie oder Magenkrebs über Herzinfarkt und Schlaganfall bis zu Unfruchtbarkeit, Impotenz und Grauem Star. Mehr als 20 Prozent aller Krebserkrankungen in Deutschland können auf den Tabakkonsum zurückgeführt werden, Raucher haben ein zwei- bis vierfach erhöhtes Risiko, von Herz-Kreislauf-Erkrankungen heimgesucht zu werden. Nach vorsichtigen Schätzungen ist für mehr als 13 Prozent aller jährlichen Todesfälle in Deutschland das Rauchen die Ursache; mehr als die Hälfte aller regelmäßigen Raucher versterben vorzeitig an den Folgen ihrer Sucht. In absoluten Zahlen heißt das: In Deutschland fordert der blaue Dunst jedes Jahr 110.000 bis 140.000 Todesopfer. Zum Vergleich: Durch Unfälle im Straßenverkehr kommen jährlich weniger als 5000 Menschen ums Leben. Wenn die Zigarette heute erst erfunden würde und man wüsste um ihre verheerende Wirkung, könnte kein Politiker es wagen, sich gegen ein sofortiges Verbot zu wenden. Stattdessen streiten wir in Deutschland über ein Rauchverbot in Eckkneipen und Oktoberfest-Bierzelten. Apropos Saufen und Quarzen: Durch diese beliebte Kombination erhöht sich das Risiko insbesondere für Mundhöhlen- und Speiseröhrenkrebs um ein Weiteres.

Nichtraucher werden von Rauchern (zu denen wohlgemerkt auch ich gelegentlich zähle) gern der »Militanz« geziehen, wenn sie in ihren eigenen vier Wänden keinen Tabakdunst dulden. »Militant« bedeutet »mit kriegerischen Mitteln«, was allerdings eher auf Raucher zutrifft, die keine Rücksicht auf Nichtraucher nehmen und ihre glimmenden C-Waffen gegen sich selbst und damit auch gegen Unbeteiligte richten: Nach Angaben des Deutschen Krebsforschungszentrums in Heidelberg sterben deutschlandweit jedes Jahr 3300 Nichtraucher an den Folgen des Passivrauchens. Und die Gesellschaft verfügt über sehr probate Mittel, um dies zu verhindern. In Irland beispielsweise gingen nach Einführung des vollständigen Rauchverbots in der Gastronomie im März 2004 gesundheitliche Symptome wie Husten oder Reizungen der Augen und des Rachenbereichs beim Kneipenpersonal dramatisch zurück. In dieser Berufsgruppe sank ferner die Zahl an Herzinfarkten ebenso drastisch wie die Schadstoffkonzentration in den Lokalen. Es gibt schlicht und ergreifend kein vernünftiges Argument gegen ein Rauchverbot in öffentlichen Räumen, und mögen manche ewiggestrige Feuilletonisten deswegen noch so sehr in ihren Drehtabak weinen. Dass ausgerechnet der eine oder andere sich kritisch wähnende Intellektuelle sich mit einer romantischen Verklärung des Rauchens vor den Karren der Tabakindustrie spannen lässt, die mit ihren jahrzehntelangen Lügengeschichten und Verharmlosungsmärchen ein Paradebeispiel für profitorientierte Volksverdummung gibt, ist geradezu bizarr.

Aber ach, die Tabakindustrie! Schafft sie denn nicht viele

Arbeitsplätze? Auf jeden Fall – deswegen sind wir auch strikt gegen ein Verbot von Landminen, denn an diesem Industriezweig hängen ebenfalls viele Jobs. Und natürlich die vielen tollen Einnahmen durch die Tabaksteuer: für ein gesundes Gemeinwesen völlig unverzichtbar. Tatsächlich sieht es so aus: Die direkten Kosten des Tabakkonsums (Krankenhausaufenthalte, Therapien, Arztbesuche etc.) summieren sich nach Berechnungen der Hamburger Ökonomen Michael Adams und Tobias Effertz in Deutschland jährlich auf 8,66 Milliarden Euro. Hinzu kommen indirekte Kosten (Arbeitsausfall, Frühverrentung usw.) in Höhe von 24,89 Milliarden Euro. Macht zusammen 33,55 Milliarden Euro. Würde man den in vielen amerikanischen Studien gebräuchlichen Wert von 100.000 Dollar je verlorenem Lebensjahr ansetzen, käme man sogar auf Gesamtkosten des Tabakkonsums von mehr als 70 Milliarden Euro. Die Einnahmen aus der Tabaksteuer belaufen sich dagegen auf weniger als 15 Milliarden Euro im Jahr. Volkswirtschaftlich ein ganz tolles Geschäft! Als in Bhutan im Dezember 2004 das Rauchen in der Öffentlichkeit komplett verboten wurde, geschah das nicht nur aus religiösen und gesundheitlichen Gründen, sondern explizit auch aus ökonomischen Erwägungen heraus. Ausgerechnet am bhutanischen Wesen könnte die Welt genesen – und zwar im Wortsinn.

Gefahrenfaktor ☠☠☠☠☠☠☠☠☠☠

Reisen

In alten Zeiten, die auch nicht besser waren, nur weil sie lange her sind, pflegten die Menschen ihr Testament zu machen, bevor sie sich auf große Fahrt begaben. Fremde Völker, seltsame Sitten, archaische Formen der Konfliktbewältigung, und im Wald lauerten die Räuber: gute Reise, mein Freund, und auf Nimmerwiedersehen. Es ist eine der größten Leistungen der Tourismusindustrie, den Leuten erfolgreich eingeredet zu haben, Erholung lasse sich nur außerhalb der heimatlichen Umgebung finden: möglichst weit weg, an irgendwelchen Stränden, um dort »die Seele baumeln zu lassen«, wie es in der bis zum Erbrechen oft verwendeten Redewendung von Kurt Tucholsky heißt. Mal ganz davon abgesehen: Tucholsky ließ seine Seele auf Schloss Gripsholm baumeln, das liegt im beschaulichen Ostschweden, und nicht in einem türkischen All-Inclusive-Club. So. Und wenn früher unterwegs irgendwas baumelte, dann waren das auch keine Seelen, sondern allenfalls die

Reisenden selbst – aufgehängt an Bäumen von einer lokalen Bevölkerung (vulgo »Wilde«), die Besseres zu tun hatte, als weißhäutige Eindringlinge willkommen zu heißen. Während man sich heute den Magen am Buffet verdirbt und unter der prallen Sonne dem Hautkrebs Einladungskarten schickt, gestaltete sich die Konfrontation mit »reisespezifischen Gefahren« (Amtsgericht Hannover in einem Urteil wegen gelockerter Bodenfliesen an einem Hotelpool) deutlich weniger komfortabel. Nehmen wir zum Beispiel den schottischen Abenteuerreisenden Mungo Park, der an der Wende vom 18. zum 19. Jahrhundert freiwillig nach Westafrika aufbrach und dort so ziemlich alles erlebte, was einem die Lust am Unterwegssein verleiden kann: Malaria, habgierige Wegelagerer, Einheimische, die ihm zur Begrüßung ins Gesicht spuckten, Gefangennahme durch die Mauren, verschlammte Wege, überflutende Flüsse, Durchfall, Diebstahl, Donnerwetter. Es sei »unmöglich, dass irgendein Mensch mit seinen fünf Sinnen eine so gefährliche Reise unternehmen würde, bloß um Land und Leute zu betrachten«, musste sich der tapfere Mungo Park von einem örtlichen Stammesfürsten sagen lassen. Was ihn nicht daran hinderte, später eine zweite Reise in diese eher unwirtliche Gegend zu unternehmen. Diesmal blieb er verschollen, sein Name jedoch ist unvergessen: Die Royal Scottish Geographical Society vergibt jedes Jahr die »Mungo-Park-Medaille« an Menschen, die durch ihre Reisen in eine »physisch oder sozial potenziell gefährliche Umgebung« das helle Licht der Humanität in die Welt tragen.

In welcher Art und Weise sich heutzutage durch bloßes Herumreisen der Menschlichkeit Vorschub leisten lässt, ist gewiss noch spannender als die Frage nach den Risikomerkmalen – wir müssen es trotzdem bei Letzterer bewenden lassen. Was sie angeht, kann man schon fast von einer Art Sport reden, der darin besteht, die angeblich gefährlichsten Länder und Landschaften auf dieser Erde zu benennen und zu bereisen, um sich anschließend damit zu brüsten, selbst dort gewesen zu sein. Einer der bekanntesten Gefahrentouristen ist wohl der gebürtige Kanadier Robert Young Pelton, der regelmäßig in Krisengebieten unterwegs ist und darüber Bücher verfasst mit Titeln wie »The World's most dangerous Places«. Natürlich kann man nach Tschetschenien fahren, nach Afghanistan oder zu den Drogenbaronen nach Kolumbien. Aber wenn dabei wie bei Pelton die Gefahr selbst im Vordergrund steht und nicht der Erkundungsdrang, dann ist das zumindest im Sinne von Mungo Park wenig preiswürdig. Der ging ja nicht nach Afrika, um sein Leben aufs Spiel zu setzen, sondern um den Verlauf des Flusses Niger zu erkunden. Außerdem ist es schlicht grottenfalsch, wenn Robert Young Pelton beispielsweise den gesamten Irak pauschal zu einem der gefährlichsten Länder der Welt erklärt. Ich selbst war im Jahr 2009 in der nordirakischen Stadt Arbil zu Besuch und muss sagen: Das Bedrohungspotenzial dort ist ungefähr so groß wie bei einem Einkaufsbummel durch eine deutsche Fußgängerzone.

Fragen wir lieber jemanden, der sich wirklich auskennt, viel herumgekommen ist, der Risiken nicht scheut, sie aber auch nicht ohne Not eingeht – und bei alledem keine Räuberpistolen fabriziert, sondern ernsthafte Reportagen: mein Kollege Thomas Scheen, Afrikakorrespondent der »Frankfurter Allgemeinen Zeitung«. Das seiner Erfahrung nach mit Abstand gefährlichste Land für Reisende: Somalia. Warum? »Weil man da bis zu zehn Leibwächter braucht, nur um über die Straße zu gehen – und selbst denen kann man nicht trauen.« Im Gegensatz zum Irak, wo es eben auch völlig ruhige Provinzen gibt, sei Somalia praktisch ein einziges Hochrisikogebiet für Ausländer: Überall drohen Entführungen, Schießereien, Morde oder Attentate. Machen Sie also einfach einen großen Bogen um diesen gescheiterten Staat, über den es auch beim Auswärtigen Amt seit Jahren heißt: »Vor Reisen nach Somalia und in die Gewässer vor Somalia wird eindringlich gewarnt.« Ansonsten empfiehlt Thomas Scheen, der selbst schon im Kongo von bewaffneten Milizionären entführt wurde, in brenzligen Situationen feindseligen Einheimischen gegenüber möglichst selbstbewusst aufzutreten, natürlich ohne dabei kolonialherrenhaft zu erscheinen. Denn: »Wer Angst zeigt, wird gebissen.«

Die schon erwähnten Reisewarnungen und Sicherheitshinweise des Auswärtigen Amts sind übrigens eine hervorragende Möglichkeit, um sich schnell und unkompliziert per Internet über die Sicherheitslage in einem Land zu informieren: Sämtliche Bulletins werden stets auf Basis valider Erkenntnisse und in enger Abstimmung mit der jeweiligen deutschen Auslandsvertretung vor Ort ausgesprochen. Während Sicherheitshinweise nur auf mögliche Risiken in einem Land aufmerksam machen (etwa durch Drogenkriminalität oder Straßenbanden), erfolgt eine Reisewarnung erst, wenn mit einer akuten Gefahr für Leib und Leben gerechnet werden muss. In aller Regel sehen deutsche Gerichte eine Reisewarnung als Indiz für höhere Gewalt an, sodass Pauschalurlauber ihre Reise kostenlos stornieren können, wenn das Sicherheitsproblem nach der Buchung entstanden ist. Wobei klassische Urlaubsländer eher keine Reisewarnungskandidaten sind, zumal selbst ein gezielter Anschlag auf Touristen wie etwa im Sommer 2009 auf Mallorca nicht ausreicht, um von diesem wenig imagefördernden Verdikt des Auswärtigen Amts getroffen zu werden. Wo kämen wir auch hin, wenn jede Bombe eine Reisewarnung nach sich zöge? Richtig: nirgendwohin.

Der Homo Touristicus hat sich in seiner pragmatischen Art deshalb längst daran gewöhnt, dass es ihn im Prinzip überall erwischen kann: in einer spanischen Vorortbahn, einem Londoner Bus, einer Bar auf Bali oder an einem Balearen-Strand. Nicht einmal die Tatsache, dass Terroristen besonders gern gegen Touristen vorgehen, weil das viel Aufmerksamkeit in den Medien garantiert, vermag den Fremdenverkehr nachhaltig zu schwächen. Betroffen sind insbesondere Luxushotels, die im Fokus der Öffentlichkeit stehen und den Attentätern noch dazu als Hort westlicher Dekadenz gelten: Jakarta, Marriott, August 2003, zwölf Tote; Sinai, Hilton, Oktober 2004, 32 Tote; Amman, drei Luxushotels, November 2005, 67 Tote; Islamabad, Marriott, September 2008, 60 Tote; Mumbai, Taj Mahal Palace, November 2008, 174 Tote; Jakarta, Marriott und Ritz-Carlton,

Juli 2009, neun Tote. Und so weiter. Mit anderen Worten: Nicht nur aus finanziellen Gründen ist es mitunter ratsam, Luxusherbergen zu meiden.

Gefahrenfaktor von (Sylt)
bis (Somalia)

Röntgen & Körperscans

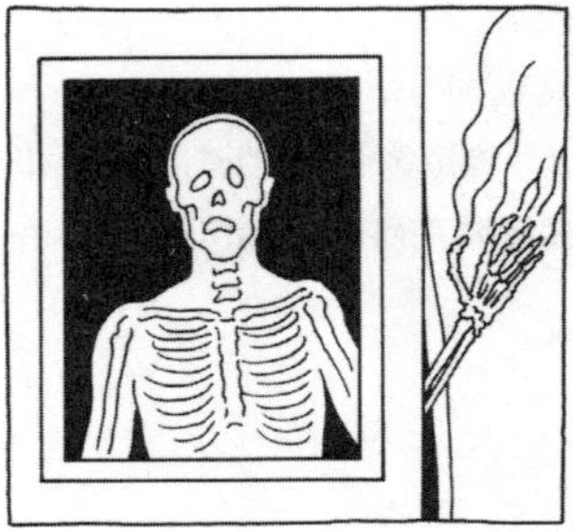

Mach es wie der Kaiser, lass dich einfach mal schnell durchleuchten! So ungefähr lautete die Botschaft eines vor wenigen Jahren in einer großen deutschen People-Zeitschrift erschienenen Artikels zum Thema Gesundheitsprophylaxe. Hauptfigur in dieser unter dem Deckmantel seriöser Berichterstattung camouflierten Propagandaschrift (»Warum der Franz auf Vorsorge setzt«) war kein geringerer als Franz Beckenbauer, der dem Reporter begeistert zu berichten wusste: »Für die Untersuchung musste ich nur kurz durch ein schmales CT, in dem man keinerlei Beklemmungsgefühle bekommt. Das Ganze war blitzschnell erledigt.« Die Abkürzung CT steht bekanntlich für Computertomograf, das röhrenförmige Gerät ermöglicht eine Art dreidimensionale Röntgenaufnahme, indem während der Untersuchung ein Röntgenstrahler und ein gegenüberliegender Detektor um den Patienten rotieren und so ein ziemlich präzises Bild von dessen inneren Werten anfertigen. Beckenbauer jedenfalls konnte zufrieden sein, das Ergebnis seines kaiserlichen Scans kommentierte er wie folgt: »Ich fühle mich ohnehin absolut fit, aber jetzt habe ich es noch einmal ärztlich bestätigt bekommen.« Fachleute dürften indes weniger begeistert gewesen sein, denn eine Computertomografie ist gerade nicht für Leute gedacht, die sich ohnehin topfit fühlen. Sondern für Fälle, in denen entweder der begründete Verdacht auf eine bestimmte Krankheit besteht oder ein bereits diagnostiziertes Gebrechen genauer in Augenschein genommen werden muss. Von »Wellness-CTs« à la Beckenbauer ist dagegen dringend abzuraten. Denn was die meisten nicht wissen: Bei so einer CT-Aufnahme wird der menschliche Körper einer ordentlichen Dosis ionisierender Strahlung ausgesetzt; im Vergleich zu einer normalen Röntgenaufnahme ist sie um sage und schreibe bis zu 100-mal höher.

Ist das denn so schlimm? Ionisierende – also in diesem Fall elektromagnetische – Strahlung besitzt genügend Energie, um Atome und Moleküle zu ionisieren, erzeugt mithin aus elektrisch neutralen Atomen und Molekülen positiv und negativ geladene Teilchen. Wenn sie durch den menschlichen Körper dringt, gibt sie Energie ab, die schlimmstenfalls zu schweren Strahlenschäden führen kann. Damit ist freilich weder beim normalen Röntgen noch bei einer Computertomografie zu rechnen – was wiederum nicht bedeutet, dass solche Maßnahmen völlig harmlos sind. Denn auch verhältnismäßig schwache ionisierende Strahlung kann unter Umständen eine irreparable Schädigung von Zellen bewirken, etwa in der menschlichen

DNA. Und damit letztlich zu einer Krebserkrankung führen. Streng wissenschaftlich formuliert, gibt es für dieses Szenario zumindest bei einfachen Röntgenuntersuchungen zwar keine Evidenz, also hundertprozentige Gewissheit, aber doch massive Hinweise, die nur wenig Raum für Zweifel lassen. (Eine britische Studie, wonach in Deutschland jedes Jahr mehr als 2000 Menschen wegen Röntgens an Krebs erkranken, ist aufgrund ihrer unkritischen Annahmen allerdings umstritten.) Außerdem besteht der begründete Verdacht, dass Röntgenstrahlen die Ursache sein können für Herz-Kreislauf-Probleme oder Gedächtnisstörungen.

Damit soll keineswegs der enorme Nutzen der Radiologie infrage gestellt werden, die Anfang des 20. Jahrhunderts ihren Siegeszug als moderne Diagnosetechnik antrat und diesen bis heute mit immer präziseren Darstellungen und schonenderen Verfahren fortsetzt. Dennoch bleibt festzuhalten, dass es sich beim Röntgen um einen medizinischen Vorgang handelt, der auf ein Minimum reduziert werden sollte. Nicht ohne Grund appelliert etwa das Bundesamt für Strahlenschutz immer wieder an Patienten, sich von ihrem Arzt die Notwendigkeit einer geplanten Röntgenuntersuchung erklären und begründen zu lassen. Die Deutschen sind nämlich ein besonders röntgenverliebtes Volk, was wohl weniger daran liegt, dass sie damit der Forschungsleistung ihres Landsmanns Wilhelm Conrad Röntgen huldigen wollen, dem für seine bahnbrechende Forschungsleistung im Jahr 1901 der erste Nobelpreis überhaupt verliehen wurde. Sondern möglicherweise daran, dass die hiesige Ärzteschaft über im Vergleich zu anderen Ländern verhältnismäßig viele Röntgengeräte oder Computertomografen verfügt – was sich ja auch irgendwie betriebswirtschaftlich rechnen muss. Fakt ist: In Deutschland entstehen im Schnitt pro Einwohner rund 1,6 Röntgenaufnahmen im Jahr, in Großbritannien oder Schweden sind es ungefähr dreimal weniger. Weltweit liegen wir damit hinter Japan und den Vereinigten Staaten auf Platz drei; das sind allerdings auch Länder, in denen CT-Röhren sogar in manchen Shoppingmalls auf Laufkundschaft warten. Professor Christoph Hoeschen vom Münchener Helmholtz-Zentrum bringt es auf den Punkt, wenn er sagt: »In Deutschland wird zu viel geröntgt.« Für diese These spricht im Übrigen auch eine Befragung von 119 Klinikärzten aus Chirurgie, Innerer Medizin, Anästhesie und Neurologie für eine Studie der Ruhr-Universität Bochum im Jahr 2007: 72 Prozent der Mediziner unterschätzten die Strahlendosis eines Computertomografen, und zwar unabhängig von Berufserfahrung, Position oder Fachrichtung. Warum sollte man da ausgerechnet von Franz Beckenbauer ein besser ausgebildetes Problembewusstsein erwarten?

Deshalb am besten noch mal ein paar nackte Zahlen: Im Schnitt bekommt ein Deutscher durch Röntgenuntersuchungen eine Strahlenbelastung von 1,8 Millisievert pro Jahr ab; 60 Prozent dieser Dosis werden durch Computertomografien verursacht, obwohl nur rund 7 Prozent der Röntgenuntersuchungen auf dieses Verfahren entfallen. Zum Vergleich: Die natürliche Strahlenbelastung liegt in Deutschland bei durchschnittlich rund 2,1 Millisievert. Wissenschaftler gehen davon aus, dass zwischen Strahlendosis und entsprechendem Gesundheitsrisiko ein linearer Zusammenhang besteht, weshalb es jedes mal genau abzuwägen gilt, ob tatsächlich geröntgt werden muss – und erst recht, ob eine Computertomografie notwendig ist. Bei der Diagnose von Unfallopfern oder Schlaganfallpatienten steht eine CT meist außer Frage, für die Untersuchung von Lunge, Dickdarm oder Herz dagegen sehen die Experten vom Bundesamt für Strahlenschutz eher keine Notwendigkeit. Ärzte, die ohne eine »rechtfertigende Indikation«, wie es so schön heißt, einfach mal wild drauflos röntgen, seien daran erinnert, dass sie damit unter Umständen sogar den Tatbestand der gefährlichen Körperverletzung erfüllen.

Weniger um körperliche Unversehrtheit, sondern mehr um den Schutz der Intimsphäre ging es in der aufgeregten Diskussion, die nach einem fehlgeschlagenen Terroranschlag Ende Dezember 2009 entbrannte. Ein 23-jähriger Nigerianer hatte im Amsterdamer Flughafen 80 Gramm Nitropenta in seiner Unterhose an Bord einer Northwest-Airlines-Maschine geschmuggelt, und beinahe wäre es ihm auch gelungen, diesen Sprengstoff kurz vor der Landung in Detroit zu zünden. Seither rüsten vor allem amerikanische Airports mit Körperscannern auf, die freilich nicht nur unter der Kleidung verstecktes Gefahrgut sichtbar machen, sondern auch das eine oder andere anatomische Detail (das Synonym »Nacktscanner« spricht für sich). Gesundheitlich sind diese Apparate allerdings eher unbedenklich, das gilt sowohl für die Röntgen- wie für die ebenfalls eingesetzten Terahertz-Scanner. Weil röntgenbasierte Geräte nicht den ganzen

Körper, sondern nur die ihn bedeckenden Textilien durchleuchten müssen, reicht eine verhältnismäßig schwache Strahlung völlig aus: die Dosis ist ungefähr 100- bis 2000-mal geringer als bei einer regulären Röntgenaufnahme. Bei der Terahertz-Methode hingegen kommt überhaupt keine ionisierende, dafür aber Wärmestrahlung zum Einsatz – wodurch diskreterweise lediglich Körperkonturen sichtbar werden. Der menschliche Organismus wird bei diesem Verfahren minimalen Temperaturerhöhungen ausgesetzt, die nach derzeitigem Kenntnisstand null Risiken bergen. Allerdings existieren keine Langzeitstudien, weshalb seriöse Wissenschaftler sich zu Recht weigern, einen Persilschein auszustellen. Im sogenannten Kampf gegen den Terror dürfte das Körperscannen jedenfalls zu den schonenderen Methoden zählen.

Gefahrenfaktor (Körperscans),
(einfaches Röntgen)
und (Computertomografie)

Salmonellen & Co.

Was ihre Präsenz in den Massenmedien angeht, werden sie wahrscheinlich noch auf Jahre hinaus den Spitzenplatz bei den Charts der bösen Küchenkeime verteidigen: Salmonellen sind echte Evergreens, wenn von Lebensmittelinfektionen die Rede ist; unweigerlich denkt man im Zusammenhang mit diesen Bakterien an irgendwelche verdorbenen Desserts aus Eischnee, denen besonders in der warmen Jahreszeit halbe Belegschaften von Altersheimen zum Opfer fallen können.

Tatsächlich sind Salmonellen weitaus häufiger die Ursache für Durchfall, Übelkeit oder Erbrechen als beispielsweise das ebenfalls regelmäßig skandalisierte »Gammelfleisch«, zumal »Verderb nicht zwingend mit der Vermehrung gesundheitsschädlicher Mikroorganismen einhergehen muss«, wie etwa das Bundesinstitut für Risikobewertung nüchtern mitzuteilen pflegt, wenn mal wieder ein überreifer Dönerspieß dingfest gemacht wurde.

Allein in Deutschland werden jedes Jahr rund 200.000 Erkrankungen durch infizierte oder vergiftete Lebensmittel gemeldet, die tatsächliche Zahl dürfte schätzungsweise zehn- bis zwanzigfach höher liegen, weil eben längst nicht jedes Magengrimmen zum Arztbesuch führt. Erstaunlich daran ist nicht nur diese enorm hohe Zahl, sondern vor allem die Tatsache, dass die Ursache der meisten Krankheitsfälle nicht in schmuddeligen Imbissbuden zu finden ist, sondern innerhalb der heimischen vier Wände. Und keinesfalls sind immer nur Salmonellen schuld; vielmehr machen ihnen seit einiger Zeit Bakterien der Gattung Campylobacter den Rang streitig.

Ob Salmonellose oder Campylobacter-Infektion: In beiden Fällen ist fast immer der unsachgemäße Umgang mit Lebensmitteln das eigentliche Problem, weil den Keimen damit überhaupt erst die Möglichkeit gegeben wird, sich auszubreiten wie einst die Tataren in Europa. Wobei (von Studenten-WGs einmal abgesehen) ausgerechnet der trügerische Glaube des modernen Menschen an den hohen Hygienestandard seiner privaten Küchenausstattung zu einer falschen Einschätzung des Gefahrenpotenzials führt. Der Kühlschrank spielt in diesem Zusammenhang eine besonders hässliche Rolle, weil er meist viel zu warm eingestellt ist und sich so mit seinem immer leicht feuchten Klima zum wahren Tummelplatz für Mikroben aller Art eignet. Ein Chemiker vom Lefo-Institut für Lebensmittel und Umwelt in Ahrensburg entdeckte an der Kühlschrankrückwand in der Wohnung einer durchschnittsreinlichen Familie vor einiger Zeit 11,4 Millionen Keime je Quadratzentimeter; dieser Wert lässt jeden ungeputzten Klodeckel als geradezu antiseptisch erscheinen. Wenn die Temperatur nicht konstant bei weniger als sieben Grad liegt, machen sich besonders in Schweinefleisch gern auch mal Yersinien breit (was unter anderem zu fieberhaften Darmentzündungen, wenn nicht sogar Arthritis führen kann) oder Listerien etwa in Milchprodukten (mit schlimmstenfalls tödlichen Folgen).

Salmonellen können praktisch überall im Essen lauern, als ihre Lieblingsplätze galten bisher Fisch, Eier und Geflügel – einer im Auftrag der Europäischen Kommission durchgeführten Studie zufolge sind knapp 30 Prozent aller großen deutschen Legehennenbetriebe von Salmonellenbefall betroffen; in Südostasien muss man sogar eine praktisch flächendeckende Verbreitung konstatieren. Inzwischen finden Forscher diese Krankheitserreger aber immer häufiger auch an Gemüse, weil Salmonellen – womöglich durch Jauchedüngung – zunehmend in der Pflanzenwelt heimisch werden. Salat ist davon offenbar besonders betroffen, und zwar nicht nur, weil er in Erdnähe wächst, sondern weil seine Blätter in bereits zerkleinerter Form als besonders schnell verderbliche Ware die Supermarktregale überschwemmen. Klassische Verbreitungswege von Salmonellen bleiben allerdings, ausgehend von Eiern, Geflügelprodukten und seltener auch Schweinefleisch, das Schneidewerkzeug, die Schneideflächen und Tauwasserrinnsale im Kühlschrank. In diesem Milieu überleben sie monatelang; selbst Einfrieren bedeutet keinen Schutz.

Campylobacter, diese mit Riesenschritten zur Salmonellen-

Konkurrenz aufschließenden Kleinstlebewesen, sind trotz ihrer steilen Karriere immer noch weitgehend unbekannt. Was erstaunlich ist, weil die Bevölkerung ja bekanntlich gern in Hysterie schwelgt. Das Bakterium siedelt bevorzugt in Geflügelfleisch, Rohmilch, Innereien oder Hack und verursacht ähnliche Beschwerden wie Salmonellen – allerdings mit dem Unterschied, dass sie nicht sofort, sondern erst nach mehreren Tagen auftreten. In schwerwiegenden Fällen kommt es zu Lähmungserscheinungen, dem sogenannten Guillain-Barré-Syndrom. Weil Campylobacter nicht zum Verderb der Lebensmittel führen, kann man sie weder am Aussehen noch am Geruch der Ware erkennen. Um sich vor ihnen zu schützen, gilt letztlich dasselbe Programm wie für Salmonellen: kochen, braten, pasteurisieren; erforderlich ist eine Temperatur von nicht weniger als 70 Grad im Kern des Lebensmittels über mindestens zwei Minuten (jawohl, Tatar ist und bleibt ein Risikoprodukt). Mal davon abgesehen, dass ein regelmäßiges Abtauen des Kühlschranks und der häufige Austausch von Spültüchern und -schwämmen nicht schaden kann. Rationalen Kriterien folgt beim Umgang mit Mikroben ohnehin kaum jemand – man sieht sie halt einfach nicht, und das Hygieneniveau beurteilt der Mensch üblicherweise nach dem ästhetischen Empfinden. Wenn eine Karotte beim Schneiden in die Spüle fällt, kommt sie natürlich trotzdem in den Salat; wäre sie aber ins Klo gefallen, hätte man die Karotte wahrscheinlich in den Müll geworfen, obwohl in der Toilette deutlich weniger Keime lauern als im Spülbecken.

Entgegen dem Eindruck, dass die Welt immer sauberer und steriler wird, muss man den Kleinstlebewesen in unserer Nahrung wohl oder übel eine vielversprechende Zukunft bescheinigen. Das liegt nicht nur am zunehmenden Umfang der Gemeinschaftsverpflegung in Kantinen, Restaurants oder Mensen, die geradezu generalstabsmäßig eine Ausbreitung der Mikroben befördern (können), sondern am zunehmenden Welthandel, bei dem mit dem Austausch von Waren eben auch eine verstärkte Reisetätigkeit von Bakterien einhergeht. Professor Lüppo Ellerbroek, Lebensmittelhygieniker beim Bundesinstitut für Risikobewertung, sagt voraus, dass es »künftig sehr, sehr schwer sein wird, die Situation zu überblicken«, und spricht mit Unbehagen über eine mögliche Flut neuer Keime, die womöglich auf uns zukommt. So etwas nennt man dann wohl Globalisierung auf Mikroebene.

Gefahrenfaktor ☠☠☠☠☠☠☠☠☠☠

Schlangen

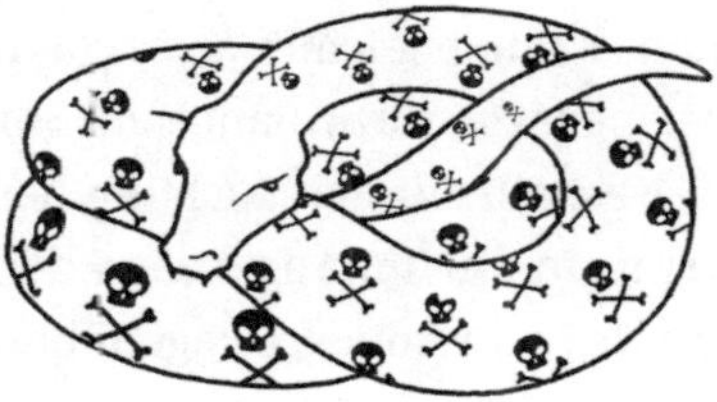

Die Schlange verkörpert Niedertracht und Verschlagenheit, sie ist die Tier gewordene Bosheit schlechthin. Stimmt gar nicht, zumindest nicht überall und zu jeder Zeit. Zum Symbol für alles Negative taugen die possierlichen Schuppenkriechtiere allenfalls in der christlichen Ikonografie. Angefangen natürlich bei Adam und Eva, die sich von einer Schlange dazu überreden ließen, vom Baum der Erkenntnis zu naschen – mit bekanntlich frustrierenden Folgen für die gesamte Menschheit. Jesus Christus gibt seinen Jüngern im Matthäusevangelium immerhin den Rat, sich in dieser Welt »klug wie die Schlangen und einfältig wie die Tauben« zu verhalten. Was wahrscheinlich gar nicht so abwertend gemeint war, wie der Kirchenschriftsteller Clemens von Alexandrien es später gedeutet hat: »Warum ist denn die Schlange klug genannt worden? Deswegen, weil man auch bei den bösen Handlungen eine gewisse Folgerichtigkeit und eine Fähigkeit zu unterscheiden, zu vergleichen und die Zukunft zu erschließen wahrnehmen kann.« Kurzum: Die Reptilien müssten schon eine sehr große Charmeoffensive starten, um es in unserem Kulturkreis noch zum Sympathieträger zu bringen. Anderswo hat man es ihnen leichter gemacht: Im antiken Griechenland zum Beispiel war die Schlange ein Sinnbild für Leben und Gesundheit, weshalb sie sich auch um den Stab des Heilgottes Äskulap ringeln durfte. Angesichts der Tatsache, dass etliche Medikamente (insbesondere gegen Bluthochdruck) aus ihrem Gift erzeugt werden, erscheint diese Symbolik heute angemessener denn je.

Aber nur eine Minderheit aller Schlangenarten ist überhaupt giftig, genauer gesagt: etwa 400 von insgesamt 3000, und von denen wiederum können gerade mal um die 50 dem Menschen gefährlich werden. In unseren Breitengraden sind allenfalls zwei giftige Arten in der freien Wildbahn unterwegs, nämlich die Kreuzotter und die Aspisviper – wobei man schon großes Glück haben muss, um Letzterer im südlichen Schwarzwald ansichtig zu werden, denn viele gibt es wahrlich nicht. Umgekehrt gehört sehr viel Pech dazu, von einer von ihrer Natur her äußerst scheuen Kreuzotter gebissen zu werden und dann auch noch daran zu sterben. Für einiges Aufsehen sorgte deshalb der Fall einer 82 Jahre alten Frau, die anno 2004 auf Rügen den Folgen des Bisses einer heimischen Kreuzotter-Art erlag; angeblich war aber nicht das Gift die Ursache ihres Ablebens, sondern vielmehr der erlittene Schock. Es war denn auch in Deutschland der erste Todesfall durch Kreuzotter-Einwirkung seit den 50er-Jahren; grundsätzlich gilt, dass erst ungefähr die fünffache Giftdosis dieser Schlange einen erwachsenen Menschen töten kann. Typische Symptome nach einem Biss sind eine starke Schwellung mit blauroter Verfärbung und heftige Schmerzen in der Umgebung der Bisswunde (allerdings können die Schmerzen auch bei schweren Vergiftungen ganz oder beinahe ausbleiben). Später kann es zur Entzündung der Lymphknoten und zu Übelkeit, Erbrechen, Kopfschmerzen, Schweißausbrüchen, Pulsrasen und Blutdrucksenkung bis zum Kollaps kommen. Im Extremfall ist eine tödliche Atemlähmung möglich. Als Erste Hilfe raten die Giftnotrufzentralen zu einer Ruhigstellung der betroffenen Gliedmaßen per Schiene und einer möglichst flachen Lagerung auf dem Weg zur nächsten Klinik. Kaffee oder Tee als Kreislaufstütze sind oft sinnvoll; auf keinen Fall sollte man die Wunde aussaugen oder ausschneiden, auch Kompressionsverbände gilt es zu vermeiden. Die Verabreichung eines Schlangengift-Antiserums wird übrigens beim Biss einer Kreuzotter nicht mehr generell empfohlen, weil die Gefahr eines Serumschocks größer sein kann als die eigentliche Giftwirkung. Na toll!

Wer mit Schlangenforschern oder -liebhabern spricht, bekommt fast immer als Erstes zu hören, dass die Tiere eigentlich recht umgänglich seien und ihre Gefahr von sensationslüsternen Medien regelmäßig heillos übertrieben werde. Tatsächlich bedient aber jede Schlangenfarm, jeder Schlangenbeschwörer und jede halbnackte Frau mit einem Python um den Hals das menschliche Bedürfnis nach wohligem Gruseln – und auch der eine oder andere Terrarienbesitzer setzt sich gern in Szene, als spiele er bei seinem Hobby mit dem Tod.

Sehr beliebt sind in interessierten Kreisen Diskussionen darüber, welche Schlange denn nun die giftigste sei. Favorisiert wird häufig der australische Wüstentaipan aus der Familie der Giftnattern: Schon ein tausendstel Gramm seines Neurotoxins kann zu tödlicher Atemlähmung beim Menschen führen. Maßeinheit ist der LD50-Wert, wobei »LD« für »letale Dosis« steht und die Zahl 50 sich auf 50 Prozent der beobachteten Population bezieht. Wenn also das Gift des Wüstentaipans bei einem LD50-Wert von 0,025 im Hinblick auf Mäuse liegt, bedeutet das: 0,025 Milligramm pro Kilogramm lebender Mäuse töten die Hälfte aller Versuchstiere. Je geringer der LD-Wert, desto stärker ist mithin die Wirkung eines Gifts. Die ersten elf Plätze machen demnach australische Schlangen unter sich aus; ob ein bisschen Lokalpatriotismus mit im Spiel war, weil die Rangliste von der Australian Venom Research Unit stammt, ist umstritten. Die gefürchtete Kobra aus Asien liegt mit einem LD50-Wert von 0,565 als erste nicht-australische Schlange abgeschlagen auf Platz zwölf. So richtig aussagekräftig ist die Liste aber schon aus dem Grund nicht, weil die Schlangen bei einem Biss unterschiedlich große Mengen ihres Gifts absondern. So ist zum Beispiel das Gift der Kreuzotter etwa zwei- bis dreimal stärker als das einer Klapperschlange, aber die Kreuzotter geht halt deutlich sparsamer damit um als ihre Verwandten aus der Neuen Welt.

So wenig wir uns in Mitteleuropa Sorgen wegen irgendwelcher Gift- geschweige denn Würgeschlangen zu machen brauchen, so sehr sind Schlangenbisse in Ländern der Dritten Welt zu Recht gefürchtet. Eine Gruppe von internationalen Wissenschaftlern kam nach Auswertung etlicher Daten zu dem Ergebnis, dass jährlich an die 1,8 Millionen Menschen von Schlangen gebissen werden und bis zu 94.000 daran sterben. Die allermeisten Opfer sind in Süd- und Südostasien sowie in Afrika zu beklagen. Und zwar nicht nur, weil es in diesen Gegenden besonders viele Giftschlangen gibt, sondern weil die Versorgung von Bissopfern oft sehr schlecht ist. Die Autoren der Untersuchung sprechen von einer großen und gleichzeitig vernachlässigten Herausforderung für das öffentliche Gesundheitssystem in diesen Ländern.

Allerdings sollte es nicht immer nur um die rasche Versorgung der Opfer gehen, sondern zunächst mal um vernünftige Prävention. Das fängt schon bei einfachen Kleidungsfragen an: Wie Forscher von der kalifornischen Loma Linda University ermittelt haben, kann schon das Tragen einer knöchellangen Jeanshose lebensrettend sein: Im Vergleich zum Biss ins nackte Bein war die in den menschlichen Organismus gelangte Giftmenge um zwei Drittel geringer, wenn eine Klapperschlange ihre Zähne vorher erst noch durch Jeans hauen musste.

Gefahrenfaktor 💀💀💀💀💀💀💀💀💀💀

Sex

Am 5. Juni 1981 erschien im amerikanischen Fachmagazin »Morbidity and Mortality Weekly Report« ein Bericht über fünf junge, homosexuelle Männer aus Los Angeles, die an einer Lungenkrankheit mit dem komplizierten Namen Pneumocystis-carinii-Pneumonie erkrankt waren, zwei von ihnen mit bereits tödlichen Folgen. Die Autoren des Artikels mutmaßten, die Krankheit beruhe auf einer durch Sexualkontakte ausgelösten Schwächung des Immunsystems. Es handelte sich um die erste Beschreibungen eines Krankheitsbildes, das zunächst die Bezeichnung »Gay Related Immune Deficiency« (Grid) verpasst bekam, bevor es im August 1982 in »Acquired Immune Deficiency Syndrome« umbenannt wurde. Kurzform: Aids. Schon 1985 veröffentlichte die Bundeszentrale für gesundheitliche Aufklärung die erste Informationsbroschüre, zwei Jahre danach startete die Kampagne »Gib Aids keine Chance«. Man mag darüber streiten, ob spätere Plakatmotive mit diversen in Kondome ver-

packten Früchten und dem Spruch »Mach's mit« besonders geglückt waren, ein Effekt war aber nicht zu übersehen: Bereits 1987 bezeichneten zwei Drittel der über 16-Jährigen in Deutschland Aids als eine der gefährlichsten Krankheiten; der Gebrauch von Präservativen nahm schlagartig zu.

Kaum jemand dürfte sich noch daran erinnern, dass die bis heute mit großem Aufwand betriebene Kampagne nicht minder aufwendige Vorläufer hatte – nur ging es damals eben nicht um Aids, sondern um eine andere Menschheitsgeißel, die Syphilis. Nach Ende des Ersten Weltkriegs hatte die Durchmischung der Gesellschaft zu einer epidemischen Ausbreitung dieser Geschlechtskrankheit beigetragen. »Unterstützt von den neuen Medien, beginnen in den 20-Jahren insbesondere in Deutschland, Frankreich und USA große Aufklärungskampagnen, die alle bisherigen Anstrengungen weit übertreffen und ihren propagandistischen Höhepunkt zu Beginn des Zweiten Weltkriegs 1939 erreichen«, notiert Anja Schonlau in ihrer Arbeit über »Syphilis in der Literatur«. So gibt etwa das Deutsche Hygiene-Museum Mitte der 20-Jahre Lehrtafeln heraus, auf denen es heißt: »Bemühe dich, keusch zu bleiben! Das beste Mittel dazu sind Leibesübungen. Sport und Spiel, Schwimmen und Wandern neben ernster Arbeit machen es dir leicht, enthaltsam zu bleiben. Enthaltsamkeit ist nicht schädlich.« Anti-Syphilis-Stücke wurden im Theater aufgeführt, Romane verfasst und Filme zum Thema gedreht – man könnte beinahe von einem eigenen Geschlechtskrankheiten-Genre sprechen. Der Schriftsteller Stefan Zweig hat uns in seiner Autobiografie einen wenig sehnsuchtsvollen Rückblick auf das Sexleben dieser Jahre hinterlassen: »Und wer von jener Generation sich redlich seiner allerersten Begegnungen mit Frauen erinnern will, wird wenige Episoden finden, deren er wirklich mit ungetrübter Freude gedenken kann. Denn außer der gesellschaftlichen Bedrückung, die ständig zur Vorsicht und Verheimlichung zwang, überschattete damals noch ein anderes Element die Seele noch selbst in den zärtlichsten Augenblicken: die Angst vor der Infektion.«

Wie ist es heute um diese Angst bestellt? In den vergangenen Jahren war oft von einer »neuen Sorglosigkeit« die Rede, die verantwortlich sei für eine Zunahme an Geschlechtskrankheiten, von denen einige kaum noch Beachtung gefunden hatten – darunter die Syphilis. Ein Blick auf die Statistik der Bundeszentrale für gesundheitliche Aufklärung zeigt, dass das nicht stimmt: Im Jahr 2009 machten sich in Deutschland 29 Prozent der Männer und 26 Prozent der Frauen im Alter zwischen 16 und 65 Jahren Gedanken über eine mögliche sexuell übertragbare Infektion. Sieben Jahre zuvor waren es nur 19 Prozent bei den Männern sowie 15 Prozent bei den Frauen. Auch der Kondomgebrauch hat in dieser Zeit entgegen anderslautender Behauptungen keineswegs ab-, sondern zugenommen; die Absatzzahlen liegen mit 215 Millionen Stück im Jahr 2009 so hoch wie noch nie in Deutschland. Woraus sich die Frage ergibt, ob das Geraune von der angeblich steigenden Zahl an Geschlechtskrankheiten womöglich politisch motiviert ist – im Sinne der Volksgesundheit (aus ähnlichen Gründen haben etliche Initiativen die Aidsgefahr lange Zeit überdramatisiert, um keine »Es wird schon nichts passieren«-Stimmung aufkommen zu lassen). Ernst zu nehmende Wissenschaftler wie der Frankfurter Virologe und Medizinprofessor Hans W. Doerr geben zu bedenken, dass auch die steigende Zahl an Labordiagnosen für einen Anstieg der dokumentierten Fälle ursächlich sein könnte: Weil immer mehr Menschen die Scheu verlieren und sich auch ohne äußere Anzeichen einer Infektion untersuchen lassen, wächst dementsprechend die Zahl der festgestellten Geschlechtskrankheiten. Es ist nämlich keineswegs so, dass auf Tripper oder Chlamydienbefall zwangsläufig der Arztbesuch folgen müsste – oft treten überhaupt keine Symptome auf.

Ohnehin fällt bei Geschlechtskrankheiten das Hantieren mit Zahlen nicht ganz einfach. Denn für die häufigsten Infektionen (Chlamydien, Humanes Papilloma-Virus), gibt es in Deutschland keine Meldepflicht und damit auch keine genauen Daten. Was wiederum die meldepflichtigen Infektionen angeht, ergibt sich zumindest kein einheitliches Bild: Während die Zahl der diagnostizierten Fälle von Hepatitis B auch als Folge von Impfungen seit zehn Jahren kontinuierlich zurückgeht, hat die Zahl der dokumentierten HIV-Infektionen tendenziell leicht zugenommen und liegt seit einiger Zeit bei konstant etwa 2800 per anno. Weil derlei Statistiken im Zweifelsfall aber auch nicht weiterhelfen, hier noch ein Überblick über die wichtigsten Geschlechtskrankheiten:

1.) Aids ist die durch den HI-Virus ausgelöste Schwächung des körpereigenen Abwehrsystems. Der Körper versagt gegen viele

Krankheitserreger, die ein gesunder Mensch abwehrt oder latent unter Kontrolle hält. Die durch die Schwächung des körpereigenen Immunsystems ausgelösten Krankheiten (wie auch Tumore) führen schließlich ohne Behandlung zum Tod. Zwar können die Symptome mittlerweile sehr erfolgreich mit Medikamenten bekämpft werden, ein Impfstoff aber existiert nicht. Kondome schützen.

2.) Chlamydien sind in den Industriestaaten die häufigsten bakteriellen Erreger von Infektionen im Geschlechtsbereich; in Deutschland sind nach Angaben des Robert-Koch-Instituts bis zu 13 Prozent aller sexuell aktiven jugendlichen Frauen infiziert. Eine Übertragung ist nur über Sexualkontakte oder von der Mutter auf ihr neugeborenes Kind möglich. Die Infektion wird oft nicht entdeckt, weil sie kaum mit Beschwerden verbunden ist; sie kann mit Antibiotika behandelt werden. Eine Chlamydien-Infektion ist die häufigste Ursache für die Unfruchtbarkeit bei jungen Frauen. Kondome schützen.

3.) Gonorrhoe, auch als Tripper bekannt, ist so etwas wie der Klassiker unter den Geschlechtskrankheiten. Wird durch Bakterien übertragen, Symptome bei Männern und Frauen sind Ausfluss und Brennen beim Wasserlassen. Während der Geburt drohen Komplikationen für das Kind. Behandelt wird mit Antibiotika. Das Risiko einer Infektion kann durch die Verwendung von Kondomen deutlich verringert werden.

4.) Hepatitis B ist eine virale Leberentzündung. Am häufigsten passiert die Ansteckung bei sexuellen Kontakten, etwa ungeschütztem Vaginal- und Analsex, ebenfalls bei oralem Sex. Durch Küssen (»social kiss«) ist eine Infektion nicht belegt. Oft treten keine Krankheitszeichen auf, manchmal Symptome wie bei einer Grippe. Die Erkrankung heilt meist von selbst aus – wenn nicht, können sich nach Jahren schwere Leberschäden entwickeln. Kondome verringern das Risiko einer Übertragung, können es jedoch nicht ausschließen. Die Impfung ist ein wirksamer Schutz.

5.) Herpes genitalis ist eine Viruskrankheit, die auch, aber nicht nur sexuell übertragen werden kann. Anzeichen an Penis, After oder Scheide sind Kribbeln oder Jucken der Haut, Rötungen, schmerzhaftes Wasserlassen, Brennen, Ausfluss und Bläschen, die erst jucken, dann aufplatzen und Geschwüre bilden. Diese Symptome können in Intervallen ein Leben lang auftreten; noch ist kein wirksamer Impfstoff entwickelt. Kondome vermindern das Ansteckungsrisiko.

6.) Humane Papilloma-Viren (HPV) werden durch ungeschützten Geschlechtsverkehr übertragen; die Ansteckung zählt zu den häufigsten beim Sex und bleibt (zunächst) oft unbemerkt. Kann zu Warzen im Genitalbereich führen, aber auch Gebärmutterhalskrebs auslösen. Absolut verlässlicher Schutz durch Kondome besteht nicht, ein Impfstoff ist seit einiger Zeit erhältlich.

7.) Syphilis ist offenbar wieder auf dem Vormarsch, betroffen sind überwiegend Homosexuelle. Im ersten Stadium entwickelt sich am Übertragungsort (meist Penis, Hodensack, Scheide, Darmausgang oder Mund) etwa drei Wochen nach der Ansteckung ein Knoten oder ein schmerzloses Geschwür, das nach einigen Wochen wieder von selbst verschwindet. Etwa acht Wochen bis zwei Jahre nach der Ansteckung treten Fieber, Schwellungen der Lymphknoten und Hautausschläge auf, die nicht jucken. Mehrere Jahre nach der Ansteckung können im dritten Stadium bei einer nicht behandelten Infektion die inneren Organe und das Nervensystem von den Bakterien schwer geschädigt werden. In den ersten beiden Stadien ist die Syphilis mit Penicillin voll heilbar. Kondome vermindern das Ansteckungsrisiko.

Gefahrenfaktor **☠☠**☠☠☠☠☠☠☠☠ (bei Sex mit dauerhaft selbem Partner, **☠☠☠☠**☠☠☠☠☠☠ (bei wechselnden Sexualpartnern und Kondomgebrauch) und **☠☠☠☠☠☠☠☠**☠☠ (bei wechselnden Partnern ohne Kondomgebrauch)

Solarien

Nur wenige technische Geräte scheinen die Sprachfantasie der Menschen so zu beflügeln wie das Solarium. Hier eine kleine Auswahl der oft zur Derbheit neigenden Synonyme: Nuttengrill, Schwuchteltoaster, Elektrostrand, Keller-Karibik, Münz-Mallorca oder – womit wir gleich beim Thema wären – Krebssarg. Deutlich wird aus der bezaubernden Allegorienvielfalt ebenfalls, dass dem Solarium stets etwas proletarisch-strizzihaftes anhängt (wobei regelmäßig in Vergessenheit gerät, dass schon die alten Römer ihre Sonnenterrassen so nannten). Die moderne Bräunungsmaschine hat einfach keinen guten Ruf, und zwar ganz abgesehen von ihrem durchaus nicht zu vernachlässigenden Gesundheitsgefährdungspotenzial.

Es mag daran liegen, dass Sonnenstudios traditionell in wenig glamourösen Stadtvierteln neben Matratzenläden oder Ein-Euro-Shops beheimatet sind und von blondierten Damen mit gegerbter Haut betrieben werden, denen man gern eine frühere Karriere im horizontalen Gewerbe unterstellt (Rotlicht im medizinischen Zusammenhang kann übrigens auch braun machen). Außerdem gilt die Solariumsbräune zumindest bei Männern ähnlich wie gefärbtes Haupthaar als dubios, weil sie nicht in offener Feldschlacht ehrlich unter der prallen Sonne errungen, sondern für etwas Kleingeld zwischen Leuchtstoffröhren billig gekauft wurde. Dabei wäre es durchaus an der Zeit, diese Dünkel zu revidieren, denn wer die UV-Strahlendusche nutzt, dem fehlt offenbar die Zeit für sinnloses Herumliegen im Freibad genauso wie für wertschöpfungsfreie Nachmittage auf dem Golfplatz.

Die Tatsache, dass Jugendlichen unter 18 Jahren in Deutschland mittlerweile der Besuch von Sonnenstudios untersagt ist, stellt diese Betriebe zwar erst recht auf eine Ebene mit Pornokinos; Anlass für das seit August 2009 geltende Gesetz war aber nicht deren vermeintliche Unsittlichkeit, sondern das schon erwähnte Gesundheitsrisiko, welchem sich insbesondere junge Leute dort aussetzen. Einem Bericht der Weltgesundheitsorganisation zufolge erhöht sich die Wahrscheinlichkeit, an Hautkrebs zu erkranken, um 75 Prozent, wenn jemand schon vor seinem dreißigsten Lebensjahr regelmäßig auf der Sonnenbank liegt – und sei es nur einmal alle paar Wochen. Wenn jedes Jahr allein in Deutschland mehr als 140.000 Menschen vom Hautkrebs heimgesucht werden (darunter 22.000 vom besonders gefährlichen schwarzen Hautkrebs), dann liegt das natürlich nicht allein an den Solarien. Ultraviolette Strahlung, also die eigentliche Ursache für entsprechende Erkrankungen, kommt ja bekanntlich auch im Sonnenlicht vor. Aber in Solarien ist die Dosis eben bis zu zehnmal höher. Gemäß einer EU-Verordnung wurde die Strahlungsintensität für Neugeräte deshalb auf einen Wert reduziert, der in etwa dem entspricht, was man bei Sonnenhöchststand in der Äquatorregion abbekommen würde (UV-Index 12). Das Hautkrebsrisiko erhöht sich allerdings schon deutlich unterhalb dieser Schwelle signifikant, weshalb nicht nur die Deutsche Krebshilfe, sondern praktisch sämtliche Fachärzte und Strahlenexperten dringend dazu raten, auf den Besuch von Solarien komplett zu verzichten. Deren Betreibern dürfte es also bald ergehen wie der Tabakindustrie, die Stück für Stück ins gesellschaftliche Abseits gerückt wurde und ihre Produkte mit großflächigen Warnhinweisen auszustatten hat. Wenn es erst so weit ist, dass jede Sonnenbank mit dem Foto eines malignen Melanoms verziert werden muss, dürfte die Zahl von derzeit etwa 14 Millionen Sonnenbanknutzern in Deutschland rapide abnehmen. Und genauso wie Raucher auf den Zigarettenpackungen nicht nur vor Lungenkrebs, sondern auch vor Potenzstörungen oder Herzerkrankungen gewarnt werden, ließe sich den Anhängern der Solariumskultur außer schwarzem Hautkrebs noch einiges anderes Ungemach in Aussicht stellen. Im Angebot wären zum Beispiel eine Trübung der Augenlinse, auch bekannt als grauer Star (wir empfehlen den Grusel-Slogan »Sonnenbänke machen blind«) oder eine faltige, ausgetrocknete Haut (»Sonnenbänke machen alt«).

Die in Bedrängnis geratene Sonnenstudio-Lobby lässt natürlich nichts unversucht, um sich selbst in ein mildes Licht zu setzen, und verweist immer wieder auf die angeblich wohltuenden Aspekte des Tussi-Toastens. Ein Klassiker ist das Argument mit der notwendigen Zufuhr von Vitamin D (wichtig für Knochen und Zähne), welche gerade im Winter ohne die UV-Bestrahlung des menschlichen Körpers auf einer Sonnenbank praktisch nicht zu bewerkstelligen sei. Dazu lässt sich festhalten, dass einerseits die Meinungen in der Wissenschaft darüber auseinandergehen, ob es der winterlichen Extraportion an Vitamin D überhaupt bedarf; andererseits dahingehend Konsens herrscht, als der Vitamin-D-Haushalt über entsprechende Nahrungsmittel auch vollständig ohne Solariumsgrillen sichergestellt werden kann. Und wer wirklich glauben sollte, dass Solarien in der dunklen Jahreszeit vor Depressionen schützen, der hat wahrscheinlich noch nie eines dieser trostlosen Bahnhofsviertel-Sonnenstudios von innen gesehen.

Gefahrenfaktor

Spinnen

Bei kaum einem Tier gehen Anspruch und Wirklichkeit so weit auseinander wie bei den Spinnen. Nicht, dass diese eigentlich recht sympathischen Vielbeiner es sich zum Ziel gesetzt hätten, Menschen, insbesondere Frauen, in Angst und Schrecken zu versetzen. Im Gegenteil, wir selbst haben ihnen, wieder mal ohne vorher zu fragen, diese Aufgabe übertragen. Natürlich nur, um auf dem haarigen Rücken der possierlichen Araneae einen Batzen Geld zu verdienen, zum Beispiel mit Horrorfilmen wie dem 1990 gedrehten Streifen »Arachnophobia«, der allein in den Vereinigten Staaten 53 Millionen Dollar einspielte (es ging übrigens um aus Venezuela eingeschleppte Killerspinnen, die sich anschickten, die kalifornische Wohnbevölkerung zu dezimieren). »We love to hate her«, muss man angesichts der Spinne wohl konstatieren und vergisst dabei allzu gern ihren gesamtgesellschaftlichen Nutzen beim Vertilgen schädlicher Insekten – wobei es gut möglich ist, dass der kaum zufällig aus New York stammende Drehbuchautor von »Arachnophobia« genau daran dachte, als er seine Gliederfüßer auf amerikanische Westküstler losgehen ließ.

Man mag es kaum glauben, aber Spinnen sind eigentlich ziemlich harmlos; von den insgesamt rund 40.000 Arten können nur ganz wenige als für den Menschen gefährlich gelten. Und zwar nicht einmal jene, die am gruseligsten aussehen. Ich erinnere mich an einen Ausflug in eine guatemaltekische Maya-Ruinenanlage, als unser Führer plötzlich anfing, mit einem Ast in einem Erdloch herumzustochern. Kurze Zeit später kroch die aufgeschreckte Bewohnerin daraus hervor: eine schwarzhaarige, ungefähr handtellergroße Vogelspinne. Der Führer nahm sie zärtlich am Rücken auf, woraufhin die Vogelspinne mit ihren Beinen zu rudern begann wie eine Rentnergruppe bei der Wassergymnastik. Dann setzte er das Tier wieder ab, und es zog sich eilig in sein Loch zurück: Ende der Vorstellung. Man müsse sich schon sehr blöd anstellen, um von einer Vogelspinne gebissen zu werden, sagte der ortskundige Spinnenfreund – und selbst wenn, dann sei das kaum schlimmer als ein Wespenstich. So sieht es aus, Freunde der Natur, anfassen ist erlaubt!

Jetzt aber pflichtschuldigst noch ein paar mahnende Worte zu den Spinnenarten, von denen man vielleicht doch besser die Finger lassen sollte. Es sind eigentlich nur vier an der Zahl. Da wäre zunächst die gute alte Schwarze Witwe zu nennen, eine wahre Kosmopolitin, die auf allen Kontinenten zu Hause ist und in Europa den mediterranen Lebensraum bevorzugt. Sie ist mit einer Körperlänge von 15 Millimetern (ohne Beine) verhältnismäßig klein, zu einem Biss kommt es nur, wenn man das Tier aus Versehen quetscht. Im früheren Jugoslawien konnten besonders Erntehelfer ein Klagelied davon singen, die beim Schleppen der Garben auf dem Feld immer wieder von Schwarzen Witwen gebissen wurden. Aber auch wenn ihr Name nach Tod klingt, kommt der Mensch in solchen Fällen mit dem Leben davon: Die Bisswunde schmerzt zwar brennend, Hautrötung und Fieber treten auf, doch nach zwei bis drei Tagen klingen die Symptome in der Regel wieder ab.

Kandidatin Nummer zwei ist die australische Atrax, die sich meist im Großstadtgebiet an der Ostküste des Fünften Kontinents herumtreibt – daher ihr englischer Name »Sydney funnel-web spider«. Männliche Tiere, die während ihrer Partnersuche gerne in Parks, Schuppen, Gartenschläuchen und anderen kühlen, feuchten Orten Rast machen, sind die übelsten Giftspritzen unter den Spinnen: Ihr Biss kann tödlich sein, allerdings mussten wegen der Fortschritte bei der medizinischen Versorgung seit 40 Jahren keine Todesopfer mehr beklagt werden.

In Brasilien beheimatet ist die Phoneutria, mit einer Körperlänge von circa 2,5 Zentimetern etwas kleiner als die australische Atrax. Als einzige unter den Spinnen zeichnet sie sich durch ein aggressives Verhalten aus, sie springt auch schon mal einen Menschen an, wenn der ihr zu nahe kommt. Besonders in Großstadtgebieten sind Phoneutria-Bisse keine Seltenheit, eine brauchbare Statistik über die Folgen davon existiert nicht. Experten gehen davon aus, dass es immer mal wieder Todesfälle gibt, führen das allerdings vor allem auf die Tatsache zurück, dass die Bisswunden schlecht heilen – und letztlich nicht das Spinnengift den Exitus herbeiführt.

Für ähnlich schlecht heilende Wunden sorgt ein Biss der Loxosceles, einer mit maximal zwei Zentimeter Körperlänge recht kleinen Spinne. Sie lebt in den trockenen und heißen Regionen der Vereinigten Staaten (Texas, New Mexico) und beißt nur zu, wenn sie darum fürchten muss, zerdrückt zu werden. Todesfälle sind nicht bekannt, die große Zeit der Loxosceles liegt ohnehin schon 40 bis 50 Jahre zurück. In jedem Fall gilt: Nach einem Biss nicht versuchen, die Wunde auszusaugen, sondern einfach nur vorsichtig waschen. Und immer daran denken, dass deutlich mehr Menschen durch den Stich einer Biene ums Leben kommen als durch den Kuss einer Spinne – und sei sie noch so abschreckend.

Gefahrenfaktor ☠☠☠☠☠☠☠☠☠☠

Sport

Nein, wir zitieren jetzt nicht den legendären Satz des großen britischen Premierministers. Denn erstens ist überhaupt nicht sicher, ob Winston Churchill sein hohes Alter tatsächlich je mit sportiver Abstinenz begründet hat. Und zweitens war der Champagner- und Zigarrenliebhaber zumindest in seiner Jugend eine ausgesprochene Sportskanone gewesen. Er stand im Ruf eines eifrigen Schwimmers, Fechters und Reiters genauso wie regelmäßig im Boxring; trotz verletzter Hand sorgte er anno 1899 beim Polospiel seiner Außenseitermannschaft gegen die favorisierten Gegner vom 4. Dragoner-Regiment für die siegentscheidenden drei Tore. Und im gleichen Jahr absolvierte er eine weitere athletische Glanzleistung, als er aus der Gefangenschaft der Buren zu Fuß von Pretoria ins fast 500 Kilometer entfernte Mosambik flüchtete. Ohne körperliche Fitness hätte Churchill denn wohl auch kaum den späteren Strapazen als Kriegspremier derart wacker standgehalten. Sport ist grundsätzlich gesund und lebensverlängernd – außer eben man stirbt bei dessen Ausübung. Wer derart heldenhaft aus dem irdischen Dasein scheiden will, braucht sich übrigens, wie wir gleich sehen werden, nicht einmal auf eine sogenannte Risikosportart einzulassen. Fußball tut's zur Not auch.

Als das amerikanische Magazin »Forbes« vor einiger Zeit die Liste der gefährlichsten Sportarten veröffentlichte, war die Überraschung groß. Denn den Spitzenplatz belegte weder Fallschirmspringen noch Rodeoreiten, sondern eine Tätigkeit, die zumindest aus europäischer Sicht gar keinen ernst zu nehmenden Sport darstellt, sondern eher ein institutionalisiertes Jubelpersertum am Spielfeldrand: Cheerleading. Dabei liegt eigentlich auf der Hand, dass puschelschwingende Hüpfakrobatik auf Rasenflächen ein hohes Unfallrisiko birgt, zumal die begeisterungsfähigen jungen Damen dabei auch noch Stiefel mit einigermaßen hohen Absätzen tragen. Auf Mitteleuropa lässt sich diese Statistik mangels Cheerleading-Tradition naturgemäß nicht übertragen; das Pendant, also die Teilnahme an aufmunternden Fan-Krawallen, dürfte zwar auch gewisse Risiken beinhalten, gilt hierzulande aber offiziell nicht als Sportart.

Am Lehrstuhl für Sportmedizin der Ruhr-Universität Bochum widmet man sich ausführlich dem Thema Risiken des Sports: Seit dem Jahr 1987 werden dort gemeinsam mit der Arag-Versicherung Sportunfälle systematisch erfasst und ausgewertet. Das Ergebnis könnte eindeutiger nicht sein: Bei den Männern im Alter zwischen 20 und 50 Jahren liegt Fußball mit weitem Abstand an der Spitze – 61 Prozent aller Sportunfälle ereignen sich beim Kicken, gefolgt von Handball (14,8 Prozent), Volleyball (4,4 Prozent) und Basketball (2,2 Prozent). Bei den Frauen steht in der gleichen Altersgruppe der Handball an der Spitze (jeder vierte Sportunfall passiert bei diesem aggressiven Mannschaftsspiel), dann kommen Volleyball (12,2 Prozent), Gymnastik (10,1 Prozent) und Fußball (8,9 Prozent). Das war nicht viel anders zu erwarten, denn die Zahlen spiegeln im Wesentlichen die Popularität der jeweiligen Sportarten: Wenn in einem Land viel Fußball gespielt wird, passieren dabei eben auch die meisten Unfälle. Aufschlussreicher ist deshalb der Blick auf die relativen Verletzungsrisiken in unterschiedlichen Sportarten, beispielsweise gemessen an der Zahl der Verletzungen je 100 Sportler innerhalb eines Jahres. Und siehe da: Schon wieder steht König Fußball ganz oben: Auf 100 Vereinskicker kommen jährlich im Schnitt 15,3 Verletzungen. Handball (14,2) und Basketball (14,9) sind allerdings fast ähnlich riskant; das landläufig als ziemlich gefährlich geltende Skifahren kann mit dem Wert von 1,5 Verletzungen auf 100 Skiläufer im Jahr als geradezu harmlos angesehen werden. Der Biomechaniker Thomas Henke vom Lehrstuhl für Sportmedizin in Bochum hat eine einfache Erklärung dafür parat: »Sportarten, in denen der direkte Zweikampf mit Gegnerkontakt zur Spielidee gehört, sind eben besonders verletzungsträchtig.«

Womit natürlich noch nicht die Frage beantwortet ist, ob bestimmte Sportarten das Risiko besonders schwerwiegender Verletzungen mit sich bringen. Auch das haben die Bochumer Wissenschaftler untersucht – ausgehend von der Erkenntnis, dass sowohl bei Männern als auch bei Frauen Verletzungen des Sprunggelenks und des Kniegelenks am häufigsten sind (wozu auch eher vernachlässigenswerte Verstauchungen zählen). Dazu lässt sich Folgendes sagen: Immer, wenn wie beim Motorsport hohe Geschwindigkeiten im Spiel sind, wenn ein Sportler mit großen Massen klarkommen muss (zum Beispiel auf dem Rücken eines Pferdes) oder wenn das »Umgebungsrisiko« (Schwimmen im offenen Meer) beträchtlich ist, setzt man sich der Gefahr schwerer Verletzungen, wenn nicht des Todes aus. Mit statistischen Methoden stößt man da natürlich bald an Grenzen: Wie lässt sich beispielsweise der Grad einer Verletzung messen? Tatsächlich werden ähnliche Verletzungen je nach Sportart mitunter ganz anders eingeschätzt und behandelt: Während etwa eine Platzwunde beim Eishockey umstandslos nach kurzer Spielpause wieder zugenäht ist, würde so etwas im Fußball tragödienhafte Szenen mit langen Auszeiten nach sich ziehen.

Der berühmteste Sportler, der an den Folgen seines körperlichen Einsatzes starb, war bekanntlich jener Läufer, der nach der Schlacht von Marathon gen Athen getrabt war und dort mit letztem Atem den Sieg über die Perser verkündete. Dass ausgerechnet die nach diesem Ereignis benannten Laufveranstaltungen jedes Jahr Tausende Jogger anziehen, macht vielleicht deutlich, welch seltsame Faszination der Tod beim Sport auf den Menschen ausübt. Der Philosoph und Soziologe Arnold Gehlen merkte zu diesem Sujet weise an: »Wer ist denn der heimliche Gegner, den man bezwingt, wenn nicht der Tod? Ist das nicht der Höhepunkt der Selbststeigerung? Hier rührt der Sport an eines der Geheimnisse des Wesens Mensch, an seine biologische Kühnheit, an den geistigen Reiz des Sichaufgebens in der Bezwingung eines neuen Elements.« Insofern muss man schon fast von einer mageren Bilanz sprechen angesichts von nur einem Todesfall auf 100.000 Sporttreibende im Jahr. Knapp 30 Prozent der jährlichen Sport-Toten sind Fußballer, gefolgt von Tennisspielern (8 Prozent) und Radsportlern (6,3 Prozent). Allerdings resultiert nur jeder fünfte Todesfall aus einem Unfall, die meisten sind Opfer von Herz-Kreislauf-Versagen wie unser tapferer Marathon-Läufer. Wer dagegen den Unfalltod sterben will, ist mit Luftsport gut beraten: Dort ist das Risiko 38-mal höher als im Durchschnitt aller Sportarten, es folgen Radsport (29-mal höher), Motorsport (24-mal höher) und Kanu (17-mal höher). Dass Kegler statistisch gesehen genauso todesgefährdet sind wie Sportschützen, verwundert dann allerdings doch.

Gefahrenfaktor von ☠☠☠☠☠☠☠☠☠☠☠ (Joggen)
bis ☠☠☠☠☠☠☠☠☠☠☠ (Luftsport)

Straßenverkehr

Straßenverkehr ist täglicher Bürgerkrieg, in dem praktisch jeder gegen jeden kämpft. Wer allmorgendlich auf dem oberirdischen Weg zur Arbeit eine deutsche Innenstadt durchquert, bekommt eine ungefähre Vorstellung davon, was Thomas Hobbes mit seinem »bellum omnium contra omnes« gemeint hat. Die Streitkräfte gliedern sich in Pedites (Fußgänger), leichte Kavallerie (Radfahrer), schwere Kavallerie (Motorradfahrer) sowie Lenker von Streitwagen, verharmlosend auch »Autofahrer« genannt. Den Benutzern von Bussen und Bahnen fällt gewissermaßen die Rolle des »Peace Corps« zu; sie müssen sich andere Wege suchen, um ihren Gefühlsstau abzubauen. Natürlich gibt es mit der Straßenverkehrsordnung ein allgemein verbindliches Kriegsrecht, aber in Konflikten spielen Regeln bekanntlich nur eine untergeordnete Rolle.

Tatsächlich verstoßen die Menschen in keinem anderen Lebensbereich derart oft gegen das Gesetz wie im extrem durchreglementierten Straßenverkehr. Es herrscht geordnete Anarchie. Immerhin findet die Kriegführung mit immer moderneren Mitteln statt, was dazu führt, dass der tägliche Machtkampf zunehmend unblutiger verläuft: Ließen deutschlandweit im Jahr 1971 noch mehr als 20.000 Personen ihr Leben in der permanenten Straßenschlacht, waren es anno 2009 nur noch 4154 – und damit so wenige wie nie zuvor seit Beginn der allgemeinen motorisierten Mobilmachung in den 50er-Jahren. Das ist zuvorderst Erfindungen wie dem Sicherheitsgurt oder dem Airbag zu verdanken, außerdem sind Autos insgesamt stabiler geworden und die medizinische Versorgung von Unfallopfern besser. Allerdings ist insgesamt die Zahl der jährlichen Unfälle keineswegs deutlich gesunken, sie pendelt vielmehr konstant um die Zwei-Millionen-Marke (was sich angesichts der dauerhaft gestiegenen Verkehrsbelastung ein bisschen zum Guten hin relativiert).

Die mit Abstand häufigste Ursache für den Exitus im Straßenverkehr bezeichnen Unfallstatistiken in beschönigender Neutralität als »nicht angepasste Geschwindigkeit«: Beinahe 40 Prozent aller Verkehrstoten werden zum Opfer eigener oder fremder Raserei. Alkohol ist in Deutschland bei rund 12 Prozent aller tödlichen Unfälle im Spiel, wobei eindeutig ein positiver Trend vermeldet werden kann: Seit Einführung der 0,5-Promille-Grenze im Jahr 1998 sind sogenannte Alkoholunfälle deutlich zurückgegangen. Damit zeigt sich, dass manche Regel(verschärfung) sogar im wilden Kampfgetümmel des Straßenverkehrs Wirkung zeigt. Voraussetzung dafür ist freilich eine allgemeine Akzeptanz; das Volk darf sich nicht vom Staat gegängelt fühlen, sondern muss von der Notwendigkeit eigenen Wohlverhaltens geradezu durchdrungen sein. Genau das ist in Sachen Alkohol am Steuer auch geschehen: Galt die Promille-Fahrt in den 80er-Jahren allgemein noch als Kavaliersdelikt, bringt die Gesellschaft inzwischen kaum noch Verständnis für besoffene Automobilisten auf (es sei denn, es handelt sich beim Sünder um eine evangelische Landesbischöfin). Würde es gelingen, eine vergleichbare Ächtung der Raserei mehrheitsfähig zu machen, käme das verkehrssicherheitspolitisch dem Westfälischen Frieden gleich.

Ein Phänomen, für das sich Verkehrspsychologen ganz besonders interessieren, ist die sogenannte Risiko-Kompensation. Gemeint ist die verhängnisvolle Neigung des Menschen, sein Verhalten einem mehr oder weniger konstanten »akzeptierten Risiko« anzupassen. Das heißt zum Beispiel: Wenn mein Auto durch technischen Fortschritt sicherer wird, fahre ich eben schneller oder achte weniger auf die Straße. Außerdem übernimmt die Fahrzeugtechnik in Form von Tempomaten oder automatischer Abstandsregulierung mittlerweile Aufgaben, für die einst der Chauffeur selbst verantwortlich war und die ihm entsprechende Aufmerksamkeit abverlangten. Nicht jede Neuerung, die auf den ersten Blick mehr Sicherheit verspricht, erfüllt deshalb unterm Strich ihren Zweck. Aus der Forschung ist hinlänglich bekannt, dass gerade bei Routinetätigkeiten die Konzentration nachlässt und somit das Unfallrisiko wächst. Wer bei Tempo 180 fast geräuschlos über die Straße gleitet und praktisch mit Autopilot fährt, vergisst entsprechend schnell, dass er eine tödliche Waffe steuert. Warnhinweise oder Geschwindigkeitsbegrenzungen helfen auch nicht viel weiter, solange der Fahrer sich in Sicherheit wiegt. Deshalb arbeiten Verkehrspsychologen daran, ihn mit anderen Methoden zu bändigen. Denkbar sind etwa enervierende Piepstöne bei zu hoher Geschwindigkeit, ganz nach dem Vorbild des nervtötenden Anschnallsignals. Allerdings ahnt die Autoindustrie, dass ihre Kundschaft eine derart paternalistische Vereinnahmung nicht besonders schätzt und sträubt sich gegen die Idee des Fahrzeugs als Erzieher. Ein besserer Ansatzpunkt sind die staatseigenen Straßen: Sie könnten so gestaltet werden, dass sie intuitiv zu einer möglichst gefahrlosen Fahrweise verleiten, also ohne Schilder und Ampeln. Ein ganz einfaches Beispiel ist die Straßenbreite: Je schmaler der Asphalt, desto langsamer fahren die Leute darüber. Auch die Sichtverhältnisse beeinflussen das individuelle Fahrverhalten; hier wäre durch gezielte Bepflanzung der Straßenbegrenzung mit Hecken einiges machbar. Das Konzept der »self-enforcing roads« dürfte vor allem liberal gesinnte Porsche-Fahrer in Wallung versetzen. Es sieht nämlich vor, Straßen so zu bauen, dass Autos durch den Belag bei überhöhtem Tempo regelrecht zum Vibrieren gebracht werden. Apropos »freie Fahrt für freie Bürger«: Als nach der Wende in den neuen Bundesländern die Landstraßen nach westlichem Vorbild neu asphaltiert und teilweise verbreitert wurden, stieg die Zahl der Unfälle mit Personenschäden im Schnitt um 15 Prozent.

Ohnehin sind Landstraßen besonders unfallträchtig, dort sterben in Deutschland zwei Drittel aller Verkehrstoten – völlig überproportional zur Verkehrsauslastung. Warum? Überhöhte Geschwindigkeit und riskante Überholmanöver. Besondere Vorsicht ist deshalb geboten auf den Landstraßen Brandenburgs und Sachsen-Anhalts: In diesen Bundesländern gibt es mit rund 90 Opfern je eine Million Einwohner anteilsmäßig mehr als doppelt so viele Verkehrstote wie etwa in Nordrhein-Westfalen.

Insgesamt muss Deutschland den internationalen Vergleich aber nicht scheuen: Bezogen auf eine Million Einwohner sterben pro Jahr im EU-weiten Durchschnitt 86 Personen im Straßenverkehr, in Deutschland sind es nur 60 (Stand 2008). Damit liegt die Bundesrepublik unter den 27 Mitgliedsländern auf Rang fünf; noch in den 90er-Jahren kamen wir über einen Mittelfeldplatz nicht hinaus. Aus gutem Grund stehen mit Schweden, den Niederlanden und Großbritannien traditionell Länder an der Spitze, die der Raserei konsequent den Kampf angesagt haben. Warum aber ausgerechnet Malta die Nummer eins ist, sollte jeden wundern, der schon einmal dort war. Linksverkehr, viele Touristen sowie eine einheimische Bevölkerung, die riskantes Überholen als Volkssport betreibt: Ich habe mich jedenfalls im Auto kaum irgendwo unsicherer gefühlt als auf dieser Insel. Aber irgendeinen Kitzel muss das Land schließlich bieten.

Gefahrenfaktor ☠☠☠☠☠☠☠☠☠☠

Stress

Der gebürtige Wiener Hans Selye gab dem Phänomen einen Namen, und von da an machte es vor nichts und niemandem mehr halt. Die Weltgesundheitsorganisation (WHO) zählt Stress sogar zu den größten Gesundheitsgefahren des 21. Jahrhunderts; in Deutschland leiden nach Angaben der Krankenkassen mindestens 20 Prozent der Bevölkerung unter den Folgen einer entsprechenden psychischen Belastung. Zur Zahl derer, die sich zumindest gelegentlich »gestresst« fühlen, dürften sich die restlichen 80 Prozent umstandslos hinzurechnen lassen, und zwar einschließlich unserer verbeamteten Mitbürger, wie wir später noch sehen werden. Er habe den Sprachen dieser Welt ein neues Wort geschenkt, rühmte sich denn auch der 1982 mit 75 Jahren in Kanada verstorbene »Vater der Stressforschung« – wobei bis heute gemunkelt wird, Hans Selye, ein Mediziner ungarischer Abstammung, habe eigentlich »strain« (Anspannung) sagen wollen und sei über die Fallstricke der englischen Sprache eher unabsichtlich auf den Begriff »Stress« zugestolpert. Wie dem auch sei, »Stress beherrscht unser Leben«, um gleich mal den weitsichtigen Titel eines viel beachteten Werks von Hans Selye aus dem Jahr 1956 zu zitieren. Und er beherrscht es von Anfang an; sogar Ungeborene sind betroffen, deren Mütter während der Schwangerschaft von Stress-Attacken heimgesucht werden: Nach neuesten wissenschaftlichen Erkenntnissen neigen sie später im Kindesalter verstärkt zu asozialem Verhalten, zu Schlaf- und zu Angststörungen.

Stress: Was so furchtbar nach krank machender Überanstrengung und Überforderung klingt, ist zunächst jedenfalls ein durchaus lebenserhaltender Schutzmechanismus, der bei drohender Gefahr im Wesentlichen auf die beiden Reaktionsmöglichkeiten »Kampf« oder »Flucht« vorbereiten soll. Bleiben wir der Einfachheit halber bei diesem archaisch klingenden Szenario und stellen uns einen Menschen vor, der durch die Savanne streift und sich plötzlich einer zähnefletschenden Raubkatze gegenübersieht. Sofort schießen Blutdruck und Puls in die Höhe, eine regelrechte innere Mobilmachung wird binnen Sekundenbruchteilen in Gang gesetzt: Das Nebennierenmark schickt eine Extraportion Adrenalin in den Blutkreislauf, ein Stresshormon namens Cortisol wird ausgeschüttet, das im Organismus kurzfristig Entzündungen hemmt und das Immunsystem reguliert. Der Anblick des bedrohlichen Tiers bringt unseren Wanderer außerdem zum Schwitzen, damit er bei Kampf beziehungsweise Flucht nicht überhitzt; eine geballte Ladung Blutzucker und Blutfette sorgen für die notwendige Energie.

Noch dazu verdickt sich das Blut, damit bei möglichen Verletzungen nicht zu viel davon verloren geht. Derart gewappnet, sollte sich zwar die unangenehme Raubkatzen-Situation am besten bewältigen lassen – in modernen Lebensräumen stehen derart stressige Begegnungen mit wilden Arten jedoch nur selten auf der Tagesordnung. Viel eher sind es heutzutage ranghöhere Zweibeiner (vulgo: »Chef«), die uns unter Druck setzen, wobei schon aus karrieretechnischen Gründen die Optionen »Kampf« oder »Flucht« zumindest im engeren Sinn ausscheiden. Trotzdem reagiert der Körper nach dem beschriebenen jahrtausendealten Mechanismus, was bei dauerhafter Belastung im Job, in der Familie oder in der Partnerschaft chronischen Stress bedeutet – also gewissermaßen eine unablässige Alarmbereitschaft mit verheerenden Folgen. Adrenalin etwa treibt den Puls in die Höhe und bringt das Herz zum Rasen; stressbedingte Blutfettüberproduktion kann auf lange Sicht Arterienverkalkung nach sich ziehen, die das Infarktrisiko ebenso erhöht wie beispielsweise Bluthochdruck wegen Überbevölkerung oder Lärm (um zwei typische Stressmacher – auch »Stressoren« genannt – der Neuzeit zu erwähnen). Unterdrückter Ärger und das Gefühl, am Arbeitsplatz der Willkür seiner Vorgesetzten ausgeliefert zu sein, scheinen die Herzen der Arbeitnehmerschaft dabei ganz besonders zu belasten: Bei einer Studie mit mehr als 10.000 britischen Staatsangestellten zeigte sich, dass das Herzinfarktrisiko umso größer war, je weniger eine Person zu melden hatte. Überhaupt braucht niemand einer besonders aufreibenden Tätigkeit nachzugehen, um Stress zu erleiden: Arbeitslosigkeit kann eine größere Belastung sein als regelmäßige Nachtschicht-Maloche oder notärztlicher Dienst. Der Stressforscher Thomas Elbert, Professor für Klinische Psychologie an der Universität Konstanz, bezeichnet sozialen Ausschluss als einen der größten Stressoren überhaupt.

Der kanadische Kardiologe Salim Yusuf kam nach einer umfangreichen Untersuchung von rund 15.000 Patienten aus aller Welt zu dem Ergebnis, dass dauerhafter Stress die Wahrscheinlichkeit eines Herzinfarkts verdreifacht – womit die Gesundheitsrisiken jedoch keinesfalls abschließend beschrieben wären. So mutmaßte etwa der Regisseur Christoph Schlingensief, Stress während der Bayreuther »Parsifal«-Inszenierung habe seine spätere Lungenkrebserkrankung mitverursacht. Damit bewegte er sich zwar auf wissenschaftlich wackeligem Grund, aber auszuschließen ist es tatsächlich nicht. Es gebe inzwischen genügend Daten, die zumindest auf eine Interaktion zwischen stressbedingter Anspannung und Krebs schließen lassen, sagt Thomas Elbert: »Stress beeinflusst das ausbalancierte System, in dem körpereigene Killerzellen gegen Krebszellen vorgehen«, so der Konstanzer Psychologe. »Dauerhafte Stressoren können beispielsweise die Entstehung von Brustkrebs massiv beeinflussen.«

Ein schlechter werdendes Gedächtnis, verminderte geistige Aufnahmefähigkeit sowie Depressionen sind als weitere mögliche Folgen von chronischem Stress wissenschaftlich längst ergründet worden, womit das WHO-Verdikt von wegen Stress als eine der größten Gesundheitsgefahren des 21. Jahrhunderts kaum als bloße Panikmache abzutun sein dürfte. Da hilft auch die landläufige Unterscheidung zwischen »positivem« und »negativem« Stress nicht weiter, weil der Organismus letztlich immer auf die gleiche Weise reagiert. Was also tun? Wer nicht nach Bhutan auswandern will, wo die innere Ausgeglichenheit der Bevölkerung zur Mehrung des Bruttonationalglücks als Staatsziel verankert wurde, kann seine innere Balance natürlich im Yogastudio oder bei der transzendentalen Meditation suchen. Es geht aber auch einfacher. Stressforscher Elbert empfiehlt schlicht das Gespräch mit einem vertrauten Freund, Partner oder Verwandten. Wenn man nämlich in Worte fasst, was einen stresst, ist der erste Schritt zur Selbstanalyse schon getan. »Und dann ist der Weg zur Besserung nicht mehr weit.«

Gefahrenfaktor ☠☠☠☠☠☠☠☠☠☠

Terrorismus

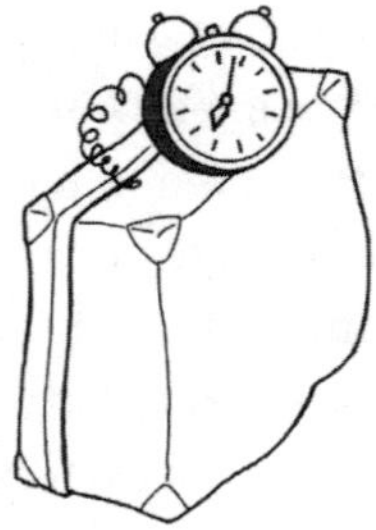

Als Gary Faulkner am 13. Juni 2010 in der Nähe der nordpakistanischen Stadt Chitral festgenommen wurde, trug er eine Pistole, ein Schwert und ein Nachtsichtgerät bei sich, in seiner Tasche fanden sich Bibelverse. Der Polizei erzählte der 50 Jahre alte Amerikaner, er sei von Gott auserwählt worden, um einen anderen Mann zu töten. Bei diesem Mann handele es sich um Osama bin Laden. Die Vorstellung, dass ein arbeitsloser Bauarbeiter aus dem Mittleren Westen sich aufmacht, den vermeintlichen Chef des vermeintlich gefährlichsten Terrornetzwerks der Welt zu liquidieren, ist einerseits grotesk bis zur Lächerlichkeit. Andererseits wird dabei deutlich, wie unscharf manchmal die Grenze zwischen Terroristen und selbst ernannten Freiheitshelden ist. Es ist davon auszugehen, dass ein pakistanischer Staatsbürger mit Knarre, Schwert, Koranversen und klar definierten Tötungsabsichten nicht schon wie Faulkner nach ein paar Tagen wieder auf freien Fuß gesetzt worden wäre, wenn die Polizei so einen Typen in Amerika aufgegabelt hätte. Vielmehr wäre eher von einer wichtigen Etappe im globalen Krieg gegen den Terror die Rede gewesen. Man kennt diese Art von Verlautbarungen zur Genüge – und hört auch deswegen kaum noch hin, weil längst überdeutlich geworden ist, wie sehr echte beziehungsweise imaginierte Terrorgefahr politisch instrumentalisiert wird. Das ist außerordentlich bedauerlich, weil Terrorismus unstrittig existiert, somit notwendigerweise eine Gefahr davon ausgeht und Gefahren sich immer am besten eindämmen lassen, indem man versucht, ihre Ursachen, Wirkungen und Dimension möglichst rational zu ergründen. Genau dies hat die Politik bisher leider versäumt. Die Situation wird auch nicht dadurch besser, dass Medien in schöner Regelmäßigkeit unter Berufung auf irgendwelche »Sicherheitskreise« von gestiegener oder fortdauernder Terrorgefahr berichten. Solche nebulösen Informationen sind vielmehr pures Gift, weil sie, erstens, einen kontraproduktiven Gewöhnungseffekt erzeugen und, zweitens, aufgrund der oft dürftigen Faktenlage den Tatbestand der Volksverdummung erfüllen. Schon klar: Terrorismusanalyse ist keine Naturwissenschaft, bei der auf Basis solider Daten vernünftige Prognosen möglich sind. Aber die teilweise eklatanten Meinungsunterschiede zum Thema Terrorgefahr legen die Vermutung nahe, dass es dem politischen Personal oft gar nicht um Erkenntnisgewinn geht. So sagte etwa der CDU-Bundestagsabgeordnete und Innenexperte Wolfgang Bosbach unlängst in einer Diskussionsrunde, die Bedrohung durch islamistischen Terrorismus in Deutschland sei unvermindert hoch. Seine Kollegin Antje Vollmer, Bündnis 90/Die Grünen, kam dagegen bei der gleichen Veranstaltung zu dem Schluss, der Westen habe sich »in die Bedrohung hineinfantasiert«. Wenn Politiker sich über Terrorismus äußern, ist schon deshalb Vorsicht geboten, weil es ihnen meist um viel mehr geht, nämlich um die innere Sicherheit im Allgemeinen. Und damit im Wesentlichen um die Frage, wie viel Privatsphäre der Staat seinen Bürgern zugesteht. Mitunter ist das politische Kalkül sogar noch ein bisschen eigennütziger: In seinem Buch »The Test of Our Times« beschreibt der ehemalige amerikanische Heimatschutz-Minister Tom Ridge, wie er von Kollegen aus der Bush-Administration im Jahr 2004 gedrängt wurde, erhöhte Terrorgefahr zu melden. Man erhoffte sich durch die Inszenierung einer Bedrohung nämlich bessere Chancen für die Wiederwahl des Präsidenten.

Dass auf diesem Planeten Personen leben, die die Bundesrepublik oder jeden anderen beliebigen westlichen Staat am liebsten komplett in Schutt und Asche legen würden, ist klar. Fraglich ist, ob sie dazu in der Lage sind, und da muss man wohl zunächst einmal kühl feststellen, dass insbesondere islamistische Terroristen bisher nicht gerade als herausragende Ingenieure des Schreckens in Erscheinung getreten sind: Etliche Male scheiterten Attentate, weil – wie beim Sprengsatz des »Times-Square-Bombers« am 1. Mai 2010 – die Technik versagte. Auch die Attentäter vom 11. September waren letztlich mit ihren Tapeziermessern keine Techniker des Terrors, sondern primitive Flugzeugentführer. Die Anschläge von Madrid im März

2004 (191 Tote, mehr als 2000 Verletzte) und von London im Juli 2005 (56 Tote, mehr als 700 Verletzte) aber zeigen, dass auch mit verhältnismäßig rudimentären Mitteln schreckliche Szenarien möglich sind – und lassen darüber hinaus Antje Vollmers Diktum von wegen einer herbeifantasierten Gefahr geradezu zynisch erscheinen. Ob es der im September 2007 aufgeflogenen »Sauerland-Gruppe« tatsächlich hätte gelingen können, aus Wasserstoffperoxid und Mehl eine Riesenbombe herzustellen, diese Frage blieb zum Glück unbeantwortet. Es ist jedenfalls damit zu rechnen, dass islamistische Terroristen sich auch künftig auf das Herumbasteln mit konventionellem Sprengstoff beschränken werden; für nuklearen Terrorismus dürfte ihnen schlicht jegliches Know-how fehlen.

Mindestens so beängstigend wie die Bombenpläne waren bei der »Sauerland-Gruppe« die Biografien der Mitglieder: Bei zwei von drei Haupttätern handelte es sich um deutsche Konvertiten; der dritte, ein gebürtiger Türke, lebte schon seit 1986 in der Bundesrepublik. Es sind solche »homegrown terrorists«, die den Ermittlungsbehörden besondere Sorgen bereiten. Sie brauchen nicht erst einzureisen, um Attentate zu verüben, kennen die Gegebenheiten vor Ort und sind oft auch noch besonders radikal, um sich gegenüber den neuen Glaubensbrüdern oder den Gesinnungsgenossen im Nahen Osten zu profilieren. Nach Schätzungen der Polizei stellen deutsche Konvertiten inzwischen ein Viertel der »Gefährder«. Laut Bundesinnenministerium leben in Deutschland um die 1000 gewaltbereite Islamisten; wie man diese Leute zählen will und wie weit die Gewaltbereitschaft überhaupt geht, erscheint aber rätselhaft. Solche Angaben bedienen allenfalls den allgemeinen Zahlenfetischismus; über die tatsächliche Gefährdungslage sagen sie wenig.

»Die derzeit größte Bedrohung für unsere Freiheit und Sicherheit geht vom islamistischen Terrorismus aus«, heißt es auf der Homepage des Bundesinnenministeriums. Diese apodiktische Feststellung ist schon deswegen irreführend, weil eine Begründung fehlt und nicht einmal der Versuch unternommen wird, einen Vergleich mit anderen Bedrohungen herzustellen. Die Europol-Statistik für das Jahr 2009 vermeldet EU-weit jedenfalls genau einen islamistischen Anschlag, und zwar in Italien (ein Libyer wollte am 12. Oktober 2009 bewaffnet in eine Mailänder Kaserne eindringen). Dem gegenüber stehen 237 versuchte oder ausgeführte Attentate von Separatisten sowie 40 durch linke Gruppierungen. Sogar die Tierschützer traten mit insgesamt zwei Anschlägen stärker in Erscheinung als Islamisten. Das muss natürlich keinesfalls auch in Zukunft so bleiben. Dennoch stellt Roland Popp von der Forschungsstelle für Sicherheitspolitik der ETH in Zürich fest: »Die Bedrohung durch islamistischen Terrorismus konnte in den meisten europäischen Ländern stark eingedämmt werden.« Allemal bleibt Deutschland auch künftig ein potenzielles Anschlagsziel für radikale Islamisten, nicht zuletzt wegen des Einsatzes in Afghanistan. Aber vielleicht übersehen wir manchmal im Eifer des Gefechts, dass auch der Terrorismus bestimmte Wellenbewegungen kennt – vom anarchistischen Terrorismus Ende des 19. Jahrhunderts über die RAF der 70er-Jahre bis eben hin zu islamistischen Bombenbauern. Gut möglich, dass Letztere so langsam aus der Mode kommen. Sicher ist nur, dass es Terrorismus als solchen geben wird, solange Menschen sich ungerecht behandelt fühlen. Also wahrscheinlich bis in alle Ewigkeit.

Gefahrenfaktor ☠☠☠☠☠☠☠☠☠☠ (in Deutschland)

Übergewicht

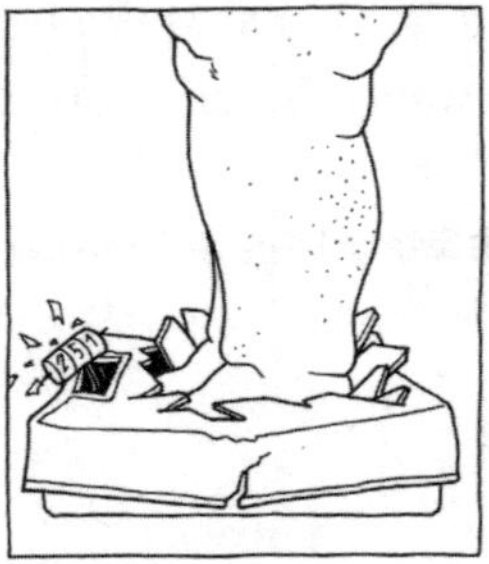

Falls ein Politiker mal wieder in die Zeitung möchte und sich gleichzeitig nach ungeteilter Zustimmung sehnt, sollte er unbedingt irgendeinen Aktionsplan gegen das Dicksein auf die Beine stellen. Solche Initiativen tragen dann so originelle Namen wie »Fit statt fett«, kosten viel Geld und versprechen eine gute Presse – obwohl sie in den allermeisten Fällen nicht den geringsten Effekt haben. Aber wer wird schon meckern wollen, wenn der Gesundheits- oder der Ernährungsminister oder am besten gleich beide gemeinsam im Namen der Volksgesundheit ihren rundlichen Mitbürgern die überschüssigen Kilos austreiben wollen. Denn bekanntlich gehören Übergewicht und Adipositas zu den schlimmsten Geißeln der modernen Menschheit; der australische Ernährungswissenschaftler Paul Zimmet sprach gar von einer »internationalen Seuche«, die ebenso bedrohlich sei »wie Klimaerwärmung und Vogelgrippe«. Das Zitat stammt übrigens aus dem Jahr 2006, als die Vogelgrippe gerade mal wieder groß angesagt war (was deutlich macht, wie sehr doch der Gruselfaktor vieler Gefahren den Moden unterliegt).

Dabei gibt es nur wenige Felder, die so umstritten sind wie dieses. Das fängt schon mit der Frage an, wer überhaupt zu den Dicken zu zählen sei. Als gebräuchliches Maß hat sich seit vielen Jahren der »Body Mass Index« (BMI) etabliert; er errechnet sich aus Körpergewicht in Kilo geteilt durch das Quadrat der Körpergröße in Metern, zum Beispiel $80/(1{,}82)^2$. Laut Weltgesundheitsorganisation gilt als übergewichtig, wer einen BMI zwischen 25 und 30 hat; Menschen mit einem BMI von mehr als 30 fallen in die Kategorie fettleibig (adipös). Wie wenig aussagekräftig diese Werte allerdings sind, wird schon daran deutlich, dass sich ein durchtrainierter Athlet gerade wegen seiner ausgeprägten Muskeln im kritischen BMI-Bereich wiederfinden kann, während klapperige Magermodels nach der Art von Kate Moss als regelrechte Body-Mass-Queens durchgehen. Wer von beiden gesünder ist, mag jeder selbst entscheiden. Aber es gibt noch einen zweiten Aspekt, der die BMI-Fixiertheit der meisten Gesundheitsorganisationen fragwürdig erscheinen lässt: Bei Fettpolstern kommt es nämlich sehr darauf an, wo sie sich befinden. An den Oberschenkeln etwa sind sie deutlich harmloser als am Bauch, denn übermäßig viele innere Bauchfettzellen oder Fettzellen in der Leber greifen in den Stoffwechsel ein und können den Blutdruck nach oben treiben oder Diabetes auslösen. Deshalb sollte zusätzlich zum BMI zumindest auch der Bauchumfang gemessen werden, um eventuelle Gesundheitsrisiken zu erkennen – mehr als 102 Zentimeter bei Männern beziehungsweise 88 Zentimeter bei Frauen sind nach ziemlich einhelliger Meinung zu viel, und zwar unabhängig von der Größe.

In dieser Gewichtsklasse haben wir es freilich mit einer Beleibtheit zu tun, dir geradezu offensichtlich ungesund ist. Wie aber stellt sich die Situation im Fall einer gewissen Pummeligkeit dar – also jener weitverbreiteten Körpersilhouette im Bereich des leichten bis mittleren Übergewichts? Steigt mit jedem zusätzlichen Kilo das Gesundheitsrisiko? Oder ist Panikmache im Spiel? Immerhin wird mit der fortwährenden Diskussion über die angeblich verfettende Gesellschaft ein riesiger Markt alimentiert; allein in den Vereinigten Staaten liegen die Ausgaben für Schlankheitsmittel und Diäten bei mehr als 50 Milliarden Dollar im Jahr. Einer im »Journal of the American Medical Association« veröffentlichten Erhebung zufolge sind ein paar Kilogramm »zuviel« jedenfalls keineswegs dramatisch, im Gegenteil. Von den mehr als 2,3 Millionen untersuchten Erwachsenen lebten ausgerechnet jene am längsten, die nach der WHO-Definition übergewichtig waren: Mollige sind oft weniger anfällig für Infektionen und erholen sich beispielsweise schneller von Operationen als ihre dünnen Artgenossen. Das Problem liegt vielmehr bei Untergewicht und eindeutiger Fettleibigkeit.

Bei einem BMI von, sagen wir, 35 aufwärts hört denn der Spaß auch wirklich auf. Von der sozialen Wertschätzung abgesehen, nehmen auch die Gesundheit und das psychische Wohlbefinden der Betroffenen enormen Schaden. Eine typische Folgeerscheinung der Fettleibigkeit ist das metabolische Syndrom. Zwar existieren unterschiedliche Definitionen für dieses Phänomen, aber grundsätzlich gehören erhöhte Zuckerwerte, hoher Blutdruck, hohe Fettwerte sowie zu wenig vom »guten« HDL-Cholesterin dazu. Die Folgen sind Diabetes, schwere Herzkrankheiten, Schlaganfälle und Krebs. Schätzungsweise gehen 35 Prozent der koronaren Herzkrankheiten, 45 Prozent der Bluthochdruckfälle sowie 85 Prozent der Diabetes-Typ-II-Neuerkrankungen auf das Konto von Fettleibigkeit oder starkem Übergewicht. Mit anderen Worten: Es handelt sich um eine todsichere Abkürzung zum eigenen Grab. Aber damit der Weg dorthin bloß nicht zu bequem ist, kommen noch andere Begleiterscheinungen hinzu: Knochen, Knorpel und Gelenke sind bei Adipositas-Patienten in der Regel stark in Mitleidenschaft gezogen, und zwar zum einen wegen der größeren Last, die deren Skelett zu tragen hat. Zum anderen produzieren Fettzellen eifrig sogenannte Zytokine, die als Mediatoren der Entzündungsvorgänge wirken und die Entstehung von Arthrose entscheidend begünstigen. Insgesamt dürften 69 Prozent aller künstlichen Kniegelenke und 27 Prozent aller neuen Hüftgelenke mit starkem Übergewicht beziehungsweise Adipositas in Verbindung stehen.

Zu schlechter Letzt steht Fettleibigkeit auch noch im dringenden Verdacht, Demenz, insbesondere Alzheimer, zu befördern. Die Auswertung zehn entsprechender Studien aus unterschiedlichen Ländern zeigte einen beständigen Zusammenhang zwischen den beiden Erkrankungen. Demnach erhöht Adipositas im Vergleich zum Normalgewicht die Gefährdung für eine Demenz um durchschnittlich 42 Prozent; das Risiko für Alzheimer, der häufigsten Demenzform, stieg sogar um 80 Prozent. Allein in den Vereinigten Staaten leben rund fünf Millionen Betroffene; Alzheimer ist die achthäufigste Todesursache unter alten Amerikanern. Und im Gegensatz zur Vogelgrippe oder zu anderen Gefahren-Hypes wird sich daran auch so schnell nichts ändern. Für Politiker dürfte es folglich in Zukunft noch genügend Möglichkeiten geben, sich aktionistisch in Szene zu setzen.

Gefahrenfaktor ☠☠☠☠☠☐☐☐☐☐ (deutliches Übergewicht)
und ☠☠☠☠☠☠☠☠☐☐ (Fettleibigkeit)

Vulkane

Es ist nicht ohne Ironie, dass mich der Ausbruch des Eyjafjallajökull ausgerechnet am Fuße eines der gefährlichsten Vulkane auf europäischem Boden einholte: in Neapel. Als der isländische Kollege mit dem komplizierten Namen im April 2010 seine Aschewolken in die Atmosphäre schickte, lag der Vesuv die ganze Zeit ruhig und friedlich da – trotzdem brach am nächsten Tag auch in Süditalien der Flugverkehr weitgehend zusammen. Was erstens und für mich persönlich dank der neapolitanischen Gastronomie nicht dramatisch war (es gibt wohlgemerkt noch andere gute Gründe, um ein bisschen länger als geplant in der kampanischen Barock-Metropole zu verweilen). Und zweitens sehr deutlich machte, dass Naturereignisse umso wirkungsvoller sind, je mehr Angriffsfläche in Form von Infrastruktur wir uns leisten. Noch vor 50 Jahren hätte es außerhalb Islands kaum jemanden interessiert, wenn es dort zu einer Eruption dieser Größenordnung gekommen wäre. Dagegen stand im Frühjahr

2010 für ein paar Tage die Welt fast still – zumindest, wenn die Zahl der Kondensstreifen am Himmel als Maß für allgemeine Betriebsamkeit gelten kann.

Geologen registrieren jedes Jahr im Schnitt 50 bis 70 Vulkanausbrüche, unterseeische Eruptionen nicht mitgezählt. Nur ein kleiner Bruchteil davon ist allerdings mit gravierenden Folgen für Mensch und Natur verbunden; in Erinnerung geblieben sind vor allem die Namen von zwei Vulkanen, die während der vergangenen Jahrzehnte enorme Verwüstungen angerichtet haben: der Pinatubo auf den Philippinen, dessen Ausbruch im Jahr 1991 nur deshalb nicht noch deutlich mehr als 1000 Menschenleben gefordert hatte, weil die ortsansässige Bevölkerung rechtzeitig vor einem Ausbruch gewarnt werden konnte. Und natürlich der Mount St. Helens im amerikanischen Bundesstaat Washington, der am 18. Mai 1980 mit der Gewalt von 500 Hiroshima-Bomben explodierte, noch in einer Entfernung von zwölf Kilometern die Bäume ummähte und insgesamt 57 Menschen das Leben kostete. Die direkten Schäden an Wäldern, Gebäuden, Straßen und sonstiger Infrastruktur wurden auf rund eine Milliarde Dollar geschätzt; man kann sich ungefähr ausmalen, wie diese Bilanz ausgesehen hätte, wenn der Landstrich im äußersten Nordwesten der Vereinigten Staaten dichter besiedelt gewesen wäre.

Zum Beispiel so dicht wie Deutschland. Denn jawohl: Unsere traute Heimat ist vulkanologisch um einiges ergiebiger, als der gemeine Katastrophentourist für gewöhnlich annimmt. Die Vulkanfelder der Ost- und Westeifel befinden sich sogar im

Normalbetrieb, was freilich Aktivitätspausen im Umfang von 10.000 bis 20.000 Jahren beinhaltet. Man könnte sagen, große deutsche Vulkane befinden sich im Bummelstreik, und wir sollten uns wünschen, dass sie sich möglichst lange nicht aus ihrer Lethargie reißen lassen. Die kleineren Eifel-Kandidaten sind etwas agiler, jedoch zu kaum mehr als zu kleinen Rülpsern mit wenig heißem Auswurf in der Lage. Weil sich dafür aber auch nur wenig Magma ansammeln muss und die Vorlaufzeiten entsprechend gering sind, ist eine frühzeitige Warnung kaum möglich. Der Würzburger Vulkanologe Bernd Zimanowski bringt diesen Sachverhalt schön anschaulich wie folgt auf den Punkt: »Es kann durchaus sein, dass morgen irgendwo in der Eifel ein Acker qualmt.« Bei einem richtigen Kawenzmann wie dem Laacher-See-Vulkan 30 Kilometer südöstlich von Bonn bräuchte es schon einige Monate (wenn nicht Jahre), bis die Magma-Kanone geladen ist – Zeit genug, um Vorsorge zu treffen. Wenn es dann jedoch, wie zuletzt vor schätzungsweise 13.000 Jahren, zu einer großen Eruption mit sechs bis sieben Kubikkilometer ausgeworfener Gesteinsmasse käme, wäre das eine Katastrophe für ganz Zentraleuropa. Für akute Besorgnis besteht derzeit allerdings kein Grund.

Deutlich prekärer ist die Lage in Sachen Vesuv – einem der, wie gesagt, gefährlichsten Vulkane auf unserem Kontinent. Geologen rechnen mit einem baldigen Ausbruch, was in diesem Milieu immer noch die Zeitspanne eines ganzen Jahrhunderts umfasst. Bei der letzten größeren Eruption im Jahr 1944 starben 26 Menschen und wurden 12.000 Einwohner evakuiert;

weil Neapel aber seither gewachsen ist, müsste heute bei einem vergleichbaren Ereignis mit ungleich größeren Schäden gerechnet werden. Ein Ausbruch von pompejischer Dimension wie im Jahr 79 n. Chr. wäre schlicht und ergreifend der Gau, bei dem eines der industriellen Zentren Italiens der weitgehenden Vernichtung anheimfiele. Natürlich existieren für sämtliche Szenarien Notfallpläne. Fraglich ist nur, ob die sich auch umsetzen ließen, ohne das totale Chaos auszulösen. Schon ein falscher Alarm könnte insofern verheerende Wirkung entfalten – was wiederum bedeutet, dass eine Evakuierung der Bevölkerung wohl eher zu spät als zu früh in Gang gesetzt würde. Zwar lassen sich Vulkane mit modernen Messtechniken besser denn je auf den Zahn fühlen, aber wirklich präzise Eruptionsvorhersagen sind noch immer nicht möglich – und werden es so bald auch nicht sein.

Wie weit der heiße Atem eines Vulkans reicht, das zeigt sich nach jedem großen Ausbruch an den Veränderungen des Weltklimas. Der Pinatubo etwa schleuderte 1991 derart große Mengen an Aerosolen in den Himmel, dass die Sonneneinstrahlung um fünf Prozent zurückging und es zu einem weltweiten Temperaturabfall von durchschnittlich 0,4 Grad kam. Extrem waren die Folgen, als im Jahr 1783 praktisch zeitgleich in Island der Laki und auf Japan der Asama explodierten. Ein Nebel aus Ascheteilchen und Schwefelsäure führte daraufhin in Nordeuropa und Nordamerika zu einem außerordentlich kalten Winter mit Temperaturen um bis zu minus 30 Grad; in Japan kam es zu Missernten und einer Hungersnot mit mehr als einer

Million Toten. Besonders klimawirksam sind Eruptionen im Bereich des Äquators, weil sie die globale Luftzirkulation dort am stärksten treffen – und ausgerechnet in diesen Breitengraden befindet sich ein Großteil der aktiven Vulkane. Würde auch nur einer von ihnen mit aller Gewalt ausbrechen, könnte das schlimmstenfalls eine kleine Eiszeit auslösen. Und noch eine beunruhigende Nachricht: Britische Forscher berichten, wegen des Klimawandels sei künftig mit mehr Ausbrüchen zu rechnen als bisher. Durch das Abschmelzen der Gletscher sinkt nämlich der Druck auf darunterliegende Vulkane, wodurch die Bildung von Magma im Erdmantel beschleunigt wird. Kurzum, das Ende ist nah. Kleiner Trost: Für Geologen sind 1000 Jahre ein Wimpernschlag.

Gefahrenfaktor

Wissenschaftliche Experimente

Junger Mann, aufgewachsen in Genf, entwickelt schon früh ein ausgeprägtes Interesse an den Naturwissenschaften. Mit 17 Jahren geht er nach Deutschland, um an der Universität Ingolstadt zu studieren; dort gelingt es dem wissbegierigen Forscher alsbald, toten Stoffen neues Leben einzuhauchen. Schließlich beginnt er ein Experiment, mit dem der allmächtige Schöpfer im Himmel Konkurrenz bekommen soll: Es geht um nicht weniger als die Erschaffung eines menschlichen Wesens. In wahnhaftem Eifer trägt der Student Apparaturen und Gliedmaßen zusammen, schlampt jedoch bei der Umsetzung seines kühnen Vorhabens. Auf einmal ist es zu spät: Der Homunkulus lebt tatsächlich, aber er ist von so grauenhafter Gestalt, dass sein Erschaffer Hals über Kopf flüchtet. Auch das künstliche Wesen sucht das Weite – und wird später noch viel Unheil anrichten. Bei dem jungen Mann handelt es sich natürlich um Viktor Frankenstein, und er ist wahrlich nicht die einzige Figur in der Literaturgeschichte, der mit einem tragisch missglückten Experiment die eigenen Grenzen aufgezeigt werden. Goethes Faust, ein frustrierter Wissenschaftler im fortgeschrittenen Alter, lässt sich in der Hoffnung auf Erkenntnisgewinn bekanntlich sogar mit dem Teufel ein – mit ebenfalls unerquicklichen Folgen. Ob bei Ikarus, dem »Zauberlehrling« oder Dürrenmatts »Physikern«: Die kritische Auseinandersetzung mit dem menschlichen Streben nach der Beherrschbarkeit der Natur gießt letztlich den weitverbreiteten Vertrauensmangel gegenüber wissenschaftlichem Wirken in eine künstlerische Form. Das muss nicht in jedem Fall Ausdruck genereller Fortschrittsfeindlichkeit sein – ein Abbild diffuser Ängste angesichts der gerade für Laien oft undurchschaubaren Labortätigkeit und der damit verbundenen (vermeintlichen) Allmachtsfantasien des forschenden Personals ist sie allemal. Wobei für uns die Frage natürlich lautet: Bestehen diese Ängste zu Recht? Oder zumindest: Wiegt der Nutzen schwerer als die Gefahr? Eine Antwort dürfte schon deshalb kaum möglich sein, weil der Kern des Experimentierens ja gerade in dem banalen Satz liegt: Nachher ist man immer schlauer.

Üblicherweise interessiert sich die Öffentlichkeit nicht allzu sehr dafür, was Wissenschaftler in ihren Versuchsküchen so anstellen. Natürlich ist die Freude groß, wenn sich das Ergebnis am Ende als segensreich für die Menschheit erweist; der Weg der Erkenntnis aber bleibt für Außenstehende meist im Dunkeln. Nur in Ausnahmefällen stoßen Forschungsvorhaben auf ein breites Interesse, meist geht es dann um sehr grundsätzliche Fragen wie bei der Stammzellendebatte. Manchmal ist die Aufregung auch deshalb groß, weil die Gefahr eines regelrechten Weltenbrands heraufbeschworen wird. Das war zum Beispiel in den 40er-Jahren der Fall, als in den Vereinigten Staaten im Zuge des »Manhattan-Projekts« Atombomben getestet werden sollten und heftig darüber diskutiert wurde, ob eine Nuklearzündung eine Kettenreaktion zwischen Stickstoffmolekülen in Gang und damit die gesamte Atmosphäre in Brand setzen könne. Dem amerikanischen Militär schien das Risiko kalkulierbar zu sein – angesichts Adolf Hitlers Streben nach Atomwaffen galt ohnehin eine verschärfte Berechnungsgrundlage. Womit ein beliebtes Rechtfertigungsargument für uneingeschränktes Experimentieren zum Tragen kam: »Wenn wir es nicht machen, dann machen es andere.« Die Gefahr wird dadurch allerdings nicht geringer.

Mittlerweile ist man bemüht, Forschungsrisiken durch eine Vielzahl gesetzlicher Rahmenbedingungen zu minimieren. In der EU gilt zum Beispiel das Vorsorgeprinzip (»precautionary principle«), welches sehr allgemein darauf abzielt, trotz fehlender Gewissheit bezüglich Art, Ausmaß oder Eintrittswahrscheinlichkeit von möglichen Schadensfällen vorbeugend zu handeln, um diese Schäden von vornherein zu vermeiden. Die Umsetzung obliegt freilich den Mitgliedstaaten, womit das Thema letztlich wieder im politischen Willensbildungsprozess verhandelt wird. Ansonsten gelten etliche Sicherheitsstandards, die durch eine Vielzahl entsprechender Gesetze festgelegt werden – in Deutschland beispielsweise durch das Atomgesetz, wenn es um den Umgang mit spaltbarem Material geht. Und natürlich müssen Laboratorien hohen Anforderungen genügen, falls dort an heiklen Projekten gearbeitet wird. So unterliegt zum Beispiel das Hamburger Bernhard-Nocht-Institut für Tropenmedizin, wo mit Ebola-, Lassa-, Marburg-Viren und anderen tödlichen Erregern experimentiert wird, der höchsten Sicherheitsstufe BSL-4 (›Biosafety Level‹): Die Wissenschaftler dürfen es nur durch eine Schleuse und in einem Schutzanzug betreten, der über Schläuche mit Atemluft versorgt wird; Unterdruck im Labor und das Filtern von Zu- und Abluft sollen verhindern, dass Keime nach außen dringen. Trotzdem kommt es auch in solchen Einrichtungen immer wieder zu Zwischenfällen: Im Jahr 2006 infizierte sich eine Mitarbeiterin der Texas A&M University mit Brucella-Bakterien, im August 2007 brach in Großbritannien die Maul- und Klauenseuche aus, nachdem Erreger aus defekten Rohren eines BSL-4-Labors für Veterinärmedizin gesickert waren. Und auch die Milzbrandsporen, die 2001 in Briefen verschickt wurden und fünf Menschen das Leben kosteten, stammten aus einem Hochsicherheitslabor.

Mitunter müssen sich sogar oberste Gerichte mit den möglichen Risiken von Forschungsprojekten befassen. So erhob etwa eine in Zürich lebende Deutsche unlängst Verfassungsbeschwerde, weil sie durch Versuchsreihen an der Europäischen Organisation für kernphysikalische Forschung (CERN) die Existenz unseres Heimatplaneten gefährdet sah. Die CERN-Forscher beschleunigen bekanntlich in einem »Large Hadron Collider« Elementarteilchen auf extrem hohe Geschwindigkeiten, um sie dann kontrolliert aufeinanderprallen zu lassen und die Trümmer zu untersuchen. Die Beschwerdeführerin und andere Kritiker dieses Experiments fürchten, dadurch könnte ein schwarzes Loch entstehen, in dem letztlich die ganze Erde verschwindet. Dieses Horrorszenario wird zwar vom ganz überwiegenden Teil der Wissenschaftler für völlig unrealistisch gehalten – aber es existiert eben auch eine Mindermeinung, die durchaus auf Grundlage der Kernphysik argumentiert.

Das Bundesverfassungsgericht wollte sich den Bedenkenträgern allerdings nicht anschließen und lehnte die Annahme der Beschwerde im Februar 2010 ab. Das Argument: Es sei nicht ausreichend, »Schadensereignisse als mögliche Folge der Versuchsreihe« anzukündigen und diese Ankündigung damit zu begründen, »dass sich die Gefährlichkeit der Versuchsreihe eben in den von der Beschwerdeführerin für möglich gehaltenen Schadensereignissen manifestiere«. Anderenfalls, so die Richter, könnten »beliebige Forschungsanliegen durch entsprechend projektspezifische Warnungen« zu Fall gebracht werden. Das war ein klares Statement zugunsten der Freiheit der Wissenschaft. Aber nicht nur das. In der Begründung des Bundesverfassungsgerichts steht zudem ausdrücklich: »Es ist nicht Sache der gerichtlichen Kontrolle, die der Exekutive zugewiesene Wertung wissenschaftlicher Streitfragen einschließlich der daraus folgenden Risikoabschätzung durch eine eigene Bewertung zu ersetzen.« Die Verantwortung liegt also bei der Regierung, welche inhaltlich von den Gerichten kaum überprüft wird.

Ganz unproblematisch ist die Angelegenheit gerade deswegen nicht. Denn letztlich werden sich Politiker immer auf die Expertise von Wissenschaftlern verlassen müssen, wenn es darum geht, die möglichen Gefahren derartiger Forschungsvorhaben zu beurteilen – und Wissenschaftler sind naturgemäß Freunde des Experimentierens. Der amerikanische Juraprofessor Eric E. Johnson hat in einer rechtlichen Würdigung der Versuchsreihe am CERN denn auch einigermaßen konsterniert festgehalten, dass ihm die Risikoeinschätzung sämtlicher Experten auf dem Gebiet der Teilchenphysik nicht ganz geheuer sei: »Mich beunruhigt die Tatsache, dass die Unbedenklichkeitsbeteuerungen auf wissenschaftlicher Arbeit beruhen, der es in eklatanter Weise an Unabhängigkeit mangelt.« Besonders vertrauenerweckend klingt das nicht.

Gefahrenfaktor kann nicht beziffert werden

Zecken

Mit Zecken ist nicht zu spaßen, aber das Gegenteil würde wohl auch niemand behaupten. Während sich für anderes Ungeziefer mit etwas Mühe immer noch eine Verniedlichung finden lässt, ist (anders als beispielsweise beim Floh) im Fall des Gemeinen Holzbocks nichts von einem »Zeckenwalzer« oder Ähnlichem bekannt. Vielmehr pflegt die rechte Szene ihre Antagonisten am anderen Ende des politischen Spektrums traditionell als »linke Zecken« zu diffamieren, was schon deswegen irritiert, weil die größten Blutsauger bekanntlich eher in irgendwelchen Bankvorständen anzutreffen sind als bei der örtlichen Antifa-Gruppe. Wie dem auch sei, die Zecke hat wenig Freunde. Das größere Problem: Sie hat auch nur wenig Feinde, die ihrem Vormarsch Einhalt gebieten könnten. Genauer gesagt erfreuen sich Zecken sogar einer praktisch vollständigen Abwesenheit sogenannter Fressfeinde, womit Lebewesen gemeint sind, auf deren Speiseplan man steht.

Die Zecke wiederum labt sich gern am Blut der anderen, und dafür sind Hunde oder Kühe genauso willkommen wie Camper oder Wanderer – Hauptsache, in ihren Venen fließt ordentlich Saft. Den einen oder anderen Tropfen würde man den zur Familie der Milben zählenden Gliederfüßern ja sogar freiwillig überlassen, aber leider haben Zecken ein großes Talent zum Übertragen von Krankheiten; ihre Bestseller heißen Lyme-Borreliose (benannt nach der Stadt Lyme in Connecticut, wo in den 70er-Jahren viele Fälle auftraten) und Frühsommer-Meningoenzephalitis, kurz FSME. Bevor es gleich in die unangenehmen Details geht, ein kleiner Merksatz vorab: Gegen die Borreliose gibt es zwar keinen Impfstoff, dafür aber eine effiziente Therapie; bei der FSME ist es genau umgekehrt.

Beginnen wir mit der Borreliose, die zumindest mal den Vorteil hat, dass sie leicht zu identifizieren ist: Mehr als 90 Prozent aller Menschen, die mit dem Borrelia-Bakterium infiziert sind, erleben eine chronische Wanderröte, also eine meist handtellergroße Hautrötung, die üblicherweise ein paar Tage bis zu vier Wochen nach dem Zeckenbiss an allen möglichen Körperstellen auftauchen und wieder verschwinden kann. Ein anderer Indikator sind Fieberanfälle, die allerdings seltener auftreten. Möglichst früh erkannt, ist nach einer dreiwöchigen Kur mit dem Antibiotikum Doxycyclin der Fall erledigt. Bleibt eine Behandlung aus, und die Borrelien verbreiten sich ungehindert weiter im Körper, siedeln sie sich gern an Gelenken an, was zu Schwellungen und Schmerzen führt. Eine andere Folge ist sogenannte Papierhaut, die entsprechend aussieht und durch den

Abbau von Fettgewebe unter der Haut entsteht. Schwerste Kopfschmerzen, Lähmungen und hängende Mundwinkel sind möglich, wenn die Bakterien sich in der Hirnhaut oder im Gehirn ausbreiten. An einer Borreliose stirbt man nicht, heißt es. Aber die Behandlungserfolge sind umso besser, je früher die Therapie beginnt.

FSME wird im Gegensatz zur Borreliose durch Viren ausgelöst; bricht die Erkrankung aus, lassen sich nur die Symptome bekämpfen. Allerdings bleiben rund zwei Drittel aller Infizierten vor Symptomen gänzlich verschont, das restliche Drittel wird von einer Art Sommergrippe heimgesucht. Der überwiegende Teil bleibt danach beschwerdefrei, ein Bruchteil von ihnen aber muss mit abermaligen Fieberschüben rechnen. Je älter der Patient, desto größer das Risiko schwerwiegender Symptome, zu denen unter anderem extreme Kopfschmerzen, Erbrechen und Bewusstseinsstörungen zählen. Im schlimmsten Fall sind dauerhafte Lähmungserscheinungen möglich – bis hin zur Lähmung sämtlicher Gliedmaßen. Immerhin: Wer eine FSME überstanden hat, ist künftig gegen die Viren immun. Allerdings können die Symptome über Monate hinweg andauern, in ein bis zwei Prozent aller Fälle führen sie zum Tod.

Die Wissenschaft ist sich uneins, ob die Gefahr durch Zecken in den vergangenen Jahren gestiegen ist oder nicht. Fest steht, dass bessere Diagnosemöglichkeiten die Zahl der dokumentierten Fälle erhöhen (in Deutschland werden jährlich zwischen 200 und 500 FSME-Erkrankungen gemeldet, die Zahl der Borreliose-Infektionen liegt dagegen mit schätzungsweise 80.000

im Jahr deutlich höher). Fest steht aber auch, dass die Zecke ihr Verbreitungsgebiet aufgrund des Klimawandels beständig nach Norden ausdehnt. Die Wahrscheinlichkeit, mit der eine Zecke überhaupt Krankheitserreger enthält, hängt stark von der jeweiligen geografischen Lage ab, die Hochrisikogebiete mit einem Durchseuchungsgrad von bis zu 50 Prozent liegen in Deutschland fast ausnahmslos in Bayern und Baden-Württemberg. Im Schnitt sind etwa 20 Prozent aller Zecken infektiös; zwischen drei und acht Prozent der von einem solchen Tier gestochenen Menschen erkranken daran. Dabei ließen sich die meisten Krankheitsfälle ziemlich einfach vermeiden, zumal ja gegen FSME eine vorbeugende Impfung möglich ist. Ansonsten gilt es, beim Umherstreifen in der Natur die Strümpfe über die Hosenbeine zu ziehen und den Körper vorher mit Zeckenschutz einzuparfümieren. Bewährt haben sich insbesondere die Mittel Autan, Nexalotte und Zanzarin, wobei die Wirkungsdauer fast immer deutlich kürzer ist als vom Hersteller angegeben. Zurück daheim empfiehlt es sich, den ganzen Körper einer ausführlichen Inspektion zu unterziehen, eine Zecke braucht regelmäßig vier bis fünf Stunden, um die richtige Stelle zum Zustechen zu finden. Sollte sie ihren Stechapparat schließlich doch im menschlichen Wirt versenkt haben, hilft übrigens kein Herumhantieren mit Klebstoff, um das Tier zu »ersticken« – einfach eine Pinzette nehmen, so hautnah wie möglich fassen, etwas hin- und herhebeln und rausziehen. Wer den ungeliebten Parasiten danach einfach der Klospülung überlässt, sollte vorher noch kurz innehalten und bedenken, dass Zecken zwar über keine Augen verfügen, aber über allerlei andere sehr hoch entwickelte Sinnesorgane. Fachleute sehen sie deswegen sogar als von der Evolution besonders bevorzugt. Dies nur zum Schluss als kleiner Hinweis an die rechte Ecke.

Gefahrenfaktor 💀💀💀💀💀💀💀💀💀💀

Zusatzstoffe in Lebensmitteln

Deutschland ist halt doch eine Kulturnation: Es gibt für alles ein Museum. Wer sich zum Beispiel über die viel gescholtenen Zusatzstoffe in Lebensmitteln informieren möchte, für den steht auf dem Gelände des Hamburger Großmarkts am Oberhafen das »Deutsche Zusatzstoffmuseum«. Eine Dauerausstellung klärt den Verbraucher auf über Aromastoffe, Enzyme, Farbstoffe oder Geschmacksverstärker und warnt vor möglichen Gesundheitsgefahren. Nach Verlassen des Museums dürfte der Besucher den Eindruck gewonnen haben, dass der Verzehr von Fertigprodukten zu den regelrechten Risikosportarten zählt – es sei denn, man achtet sehr genau auf den Hersteller. Hauptsponsor der ernüchternden Zusatzstoffe-Schau ist der Tiefkühlkost-Produzent Frosta, und wie der Zufall es will, verzichtet Frosta bei seinen Produkten auf den Zusatz von Stoffen mit den ominösen E-Nummern aus Gründen der »Natürlichkeit«. Oder mit anderen Worten: »Weil wir frisch Gepresstes jedem Pulver vorziehen«, so die sympathisch klingende Botschaft. Die Kunden werden es gewiss zu schätzen wissen, denn wer hat schon gern Additive im Essen, von denen kaum jemand ahnt, wofür sie überhaupt gut sind und wie sie auf den menschlichen Organismus wirken. Umso größer ist denn auch das Verunsicherungspotenzial: »Gefährliche Zusatzstoffe – was in unserem Essen wirklich drin ist«, titelte unlängst eine große Boulevardzeitung und führte eine Liste von mehr als 30 Ingredienzen an, die trotz Zulassung angeblich gesundheitsschädlich sind oder zumindest im Verdacht stehen, Krebs, Diabetes, Herzinfarkte und etliche andere Gebrechen mehr auszulösen. Es wurden sogar ganze Bücher geschrieben, die sich diesem Thema widmen – allerdings selten auf seriöse Weise.

Um die Sache gleich auf den Punkt zu bringen: Sämtliche Stoffe, die in der EU für den Zusatz zu Lebensmitteln zugelassen sind, müssen als ungefährlich gelten. Nach Einschätzung des Bundesinstituts für Risikobewertung sind sie es auch, und zwar ohne Einschränkung. Bei den Mitarbeitern dieser Einrichtung zur Gewährleistung von Lebensmittelsicherheit handelt es sich übrigens nicht um willfährige Büttel der bösen Food-Industrie, sondern um seriöse, der Neutralität verpflichtete Wissenschaftler. Verschwörungstheoretiker werden das natürlich abstreiten, aber im Zweifel stellt sich eben doch die Frage, wem man mehr Glauben schenken soll. Fest steht, dass jeder Zusatzstoff einer umfangreichen Untersuchung unterzogen wird, bevor eine Zulassung erfolgt. Zuständig ist die Europäische Behörde für Lebensmittelsicherheit (EFSA) in Parma, deren mit ausgewiesenen Fachleuten besetzte Gremien in Wissenschaftlerkreisen einen untadeligen Ruf genießen. Außerdem werden bei der EFSA laufend sämtliche neuen Erkenntnisse über Zusatzstoffe ausgewertet, sodass nötigenfalls eine Zulassung auch wieder rückgängig gemacht werden kann. Kritiker dürften jetzt einwenden, dass genau in dieser Möglichkeit – also eine Gesundheitsgefahr lange Zeit übersehen zu haben – die Crux liegt. Was soll man dazu sagen? Wissenschaft ist ein fortlaufender Erkenntnisprozess, und wir Menschen sind gut beraten, unsere Risikoabwägungen auf Basis des aktuellen Wissensstandes zu treffen – alles andere ist schlicht irrational. Der aktuelle Wissensstand bezüglich des hier behandelten Themas lautet jedenfalls: Alle erlaubten Zusatzstoffe haben in der jeweils zulässigen Dosierung keinerlei Auswirkungen auf die Gesundheit. Punkt. Die Tatsache, dass sich jederzeit neue Erkenntnisse auftun können, ist übrigens kein Fluch, sondern ein Segen. Wer das grundsätzlich anders sieht, müsste konsequenterweise auf sehr vieles verzichten, Medikamente eingeschlossen. Das ist dann allerdings auch nicht ganz ungefährlich.

Für Verunsicherung sorgten im Jahr 2007 die Ergebnisse der sogenannten Southampton-Studie. Forscher der Universität Southampton hatten damals einen vermeintlichen Zusammenhang zwischen dem Gemisch aus bestimmten Lebensmittelfarbstoffen sowie dem Konservierungsmittel Natriumbenzoat (E 211) und Hyperaktivität bei Kindern festgestellt. Daraufhin wurde die EFSA aktiv, sie kam mit Unterstützung von Sachverständigen für Kinderpsychiatrie, Allergien und Statistik zu dem

Schluss, dass die Southampton-Studie »begrenzte Belege dafür lieferte, dass die untersuchten Gemische von Zusatzstoffen eine geringfügige Auswirkung auf die Aktivität und Aufmerksamkeit einiger Kinder hatten«. Allerdings stimmten die beobachteten Wirkungen für die beiden untersuchten Altersgruppen und die beiden in der Studie verwendeten Gemische nicht überein. Ergebnis: Der ADI-Wert (»Acceptable Daily Intake«, also die zulässige tägliche Aufnahmemenge) blieb für die betreffenden Zusatzstoffe unverändert. Das mag zwar unbefriedigend klingen, entspricht aber der wissenschaftlichen Ratio.

Ein echter Dauerbrenner ist dagegen die Diskussion über angebliche Nebenwirkungen von Glutamat. Das Salz der Glutaminsäure (E 620 – E 625) wird vielen Lebensmitteln als Geschmacksverstärker beigefügt (oft unter Tarnnamen wie »Hefeextrakte« oder »Würze«) und ist schon aus vielerlei Gründen angefeindet worden. So soll es unter anderem Kopfschmerzen und Taubheitsgefühle auslösen können (»Chinarestaurant-Syndrom«), aber auch schwere Krankheiten wie Parkinson oder Alzheimer. Es existiert bis heute keine einzige valide Studie, die diese Mutmaßungen bestätigt. Nebenbei bemerkt: In den 80er-Jahren war der Glaube weit verbreitet, Alzheimer werde durch das Einwickeln von Lebensmitteln in Alu-Folie befördert.

Unumstritten ist freilich die Tatsache, dass Zusatzstoffe allergische oder pseudoallergische Reaktionen auslösen können, wenn auch selten. Manche Experten sehen genau darin das eigentliche Problem; insbesondere die sogenannten Azo-Farbstoffe sind in der Lage, bei entsprechend sensibel veranlagten Menschen Atemnot oder Hautausschläge zu verursachen. Eine weitere Gefahrenquelle: Lebensmittel, die mit nicht zugelassenen Zusatzstoffen versetzt sind. Chilis, Kurkuma und Palmöl etwa sind notorische Kandidaten für die Beimischung des krebserregenden Farbstoffs Sudanrot, besonders wenn die Waren aus asiatischer Produktion stammen. Nicht ohne Grund muss für solche Importe in die EU anhand eines Analyseberichts ausdrücklich nachgewiesen werden, dass kein Sudanrot enthalten ist. Allerdings fanden britische Lebensmittelkontrolleure im Jahr 2005 den ebenfalls kanzerogenen Farbstoff Sudangelb in Worcestersauce aus englischer Produktion. In solchen Fällen bleibt dem Verbraucher nichts anderes übrig, als auf das Europäische Schnellwarnsystem für Lebensmittel und Futtermittel zu vertrauen. Im Gegensatz zu manch anderen EU-Institutionen gilt diese Einrichtung immerhin als ziemlich effizient.

Gefahrenfaktor ☠☠☠☠☠☠☠☠☠☠

Dank

Für ihre Mithilfe und Auskunftsfreude danke ich Dr. Peter Berg vom Karlsruher Institut für Technologie (Klimawandel), Prof. Dr. Addi Bischoff vom Institut für Planetologie der Universität Münster (Meteoriten), Prof. Dr. Maria Blettner vom Institut für Medizinische Biometrie, Epidemiologie und Informatik in Mainz (Handys), Prof. Dr. Christopher Daase von der Hessischen Stiftung Friedens- und Konfliktforschung in Frankfurt (Krieg), Prof. Dr. Michael Decker vom Institut für Technikfolgenabschätzung und Systemanalyse in Karlsruhe (Wissenschaftliche Experimente), Prof. Dr. Hans W. Doerr vom Institut für medizinische Virologie am Klinikum der Universität Frankfurt (Sex), Prof. Dr. Wolf Dombrowsky vom Institut für Soziologie der Universität Kiel (Menschliches Versagen), Prof. Dr. Steven Dooley von der Medizinischen Fakultät Mannheim (Alkohol), Prof. Dr. Anselm Eder vom Institut für Soziologie der Universität Wien (Einsamkeit), Prof. Dr. Thomas Elbert vom Institut für Klinische Psychologie der Universität Konstanz (Stress), Prof. Dr. Lüppo Ellerbroek vom Bundesinstitut für Risikobewertung in Berlin (Salmonellen & Co.), Dr. Dorit Feddersen-Petersen vom Zoologischen Institut der Universität Kiel (Hunde), Prof. Dr. Jürgen Frölich vom Institut für Klinische Pharmakologie der Medizinischen Hochschule Hannover (Medikamente), Prof. Dr.-Ing. Ekkehard Gärtner, Velten (Bahnfahren), Oberst i. G. Wolfgang Geist von der Bundesakademie für Sicherheitspolitik in Berlin (Krieg), Prof. Dr. Eberhard Greiser von Epi-Consult in Musweiler (Lärm), Dr. Michael Habermeyer vom Fachbereich Lebensmittelchemie der Universität Kaiserslautern (Zusatzstoffe in Lebensmitteln), Jörg Handwerg von der Vereinigung Cockpit in Frankfurt (Fliegen), Dr. Thomas Henke vom Lehrstuhl für Sportmedizin der Ruhr-Universität Bochum (Sport), Prof. Dr. Dieter B. Herrmann, Berlin (Außerirdische), Prof. Dr. Christoph Hoeschen vom Helmholtz-Zentrum in München (Röntgen und Körperscans), Prof. Dr. Udo Hoyme von der Klinik für Frauenheilkunde am Helios-Klinikum in Erfurt (Sex), Martin Janssen von der DLRG (Baden), Prof. Dr. Klaus-Dieter Jany von der European Food Safety Authority (Gentechnik), Prof. Dr. Stefan H.E. Kaufmann vom Max-Planck-Institut für Infektionsbiologie in Berlin (Impfen), Dr. Horst Klaffke vom Bundesinstitut für Risikobewertung in Berlin (Pilze), Dr. Joachim Knebel vom Karlsruher Institut für Technologie (Atomkraftwerke), Prof. Dr. Thomas Köhler vom Psychologischen Institut der Universität Hamburg (Drogen), Prof. Dr. Wolfgang Koenig von der kardiologischen Abteilung der Universitätsklinik Ulm (Cholesterin), Dr. Gérard

Krause von der Abteilung für Infektionsepidemiologie am Robert-Koch-Institut in Berlin (Pandemien), Dr. Michael Kunz vom Institut für Meteorologie und Klimaforschung der Universität Karlsruhe (Gewitter), Dr. Thomas Lampert vom Robert-Koch-Institut in Berlin (Armut), Prof. Dr. Harald Lesch vom Institut für Astronomie und Astrophysik der Universität München (Außerirdische), Dr. Frank Linhard vom Institut für Geschichte der Naturwissenschaften der Universität Frankfurt am Main (Wissenschaftliche Experimente), Dr. Daniel Lübbert, Berlin (Wissenschaftliche Experimente), Rüdiger Matthes vom Bundesamt für Strahlenschutz in Oberschleißheim (Solarien), Prof. Dr. Bruno Merz vom Geoforschungszentrum Potsdam (Klimawandel), Dr. Ralf Michaelis vom Institut für Arbeitsschutz der Deutschen Gesetzlichen Unfallversicherung (Arbeit), Prof. Dr. Wolfgang Nentwig vom Zoologischen Institut der Universität Bern (Spinnen), Prof. Dr. Ulrich Nöhle vom Institut für Lebensmittelchemie der Technischen Universität Braunschweig (Pestizide), Dr. Jürgen Ordemann von der Charité in Berlin (Übergewicht), Prof. Dr. Christian Pfeiffer vom Kriminologischen Forschungsinstitut Niedersachsen in Hannover (Kriminalität), Dr. Martina Pötschke-Langer vom Deutschen Krebsforschungszentrum in Heidelberg (Rauchen), Roland Popp von der Forschungsstelle für Sicherheitspolitik an der Eidgenössischen Technischen Hochschule Zürich (Terrorismus), Steven Raichlen, Miami (Grillen), Thomas Scheen, Johannesburg (Reisen), Prof. Dr. Bernhard Schlag von der Fakultät für Verkehrswissenschaften der Technischen Universität Dresden (Straßenverkehr), Dr. Dieter Schmidt, Bernau (Schlangen), Prof. Dr. Jochen Süss vom Friedrich-Loeffler-Institut in Jena (Zecken), Sebastian Vries von der Feuerwehrakademie Hamburg (Brände), Prof. Dr. Friedemann Wenzel vom Geophysikalischen Institut der Universität Karlsruhe (Erdbeben), Prof. Dr. Erich Wichmann vom Helmholtz-Zentrum in München (Feinstaub), Prof. Dr. Christian Witt von der Charité in Berlin (Hitze), Dr. Klaus-Dieter Zastrow vom Vivantes-Institut für Hygiene und Umweltmedizin in Berlin (Krankenhauskeime), Prof. Dr. Bernd Zimanowski vom Institut für Physische Geographie der Universität Würzburg (Vulkane), Benjamin Zweifel vom Institut für Schnee- und Lawinenforschung in Davos (Lawinen).

Alexander Marguier, geboren 1969 im schwäbischen Horb, lebt in Berlin. Er arbeitete für die FAZ und als Politikredakteur der Welt am Sonntag. Während der letzten neun Jahre verantwortete er das Gesellschafts-Ressort der Frankfurter Allgemeinen Sonntagszeitung, seit Juli 2010 ist er stellvertretender Chefredakteur des Magazins Cicero. Im DuMont Buchverlag erschien von ihm »Das Luxuslexikon« (2007).

Gottfried Müller, geboren 1968 in Balingen, studierte an den Kunsthochschulen in München und Leipzig. Von 2000 bis 2002 war er Meisterschüler bei Professor Volker Pfüller. Seit 1998 lebt er als freischaffender Illustrator in München.